JN450635

누가이야기

이루어진 사실

| 그룹성경교재 |

도서출판
JKSC

| 그룹성경교재 |

1

복음시리즈

누가이야기

이루어진 사실

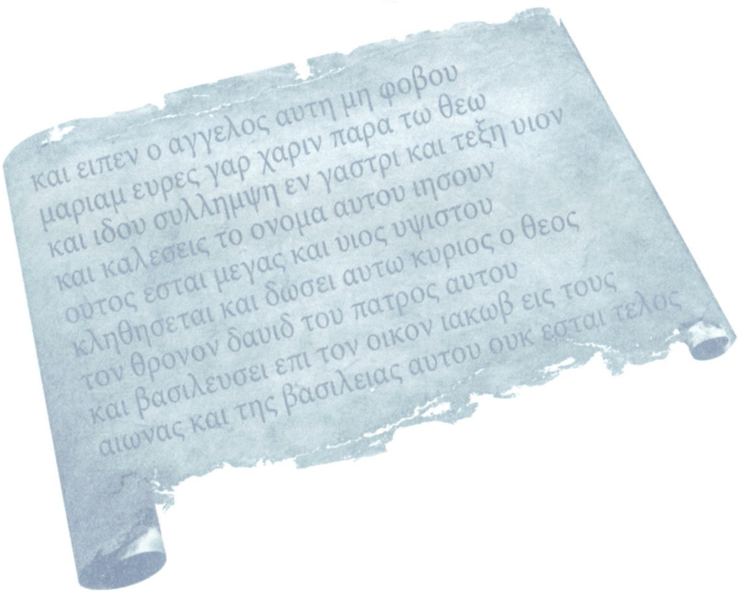

도서출판 JKSC

| 추천의 글 |

변혁의 시대 가운데 선 한국교회에 가장 큰 두려움은 복음에 대한 훼손입니다. 세상의 가치관과 세계관이 복음을 대신하고 우리의 사고를 점령하여 진리를 외면하게 만들고 있습니다. 더 나아가 인간 스스로가 신이 되려는 '호모데우스(Homo Deus)' 시대에 한국교회는 흔들리고 있습니다. 이러한 때에 우리가 할 수 있는 최선은 밸러스트(ballast) 되신 예수님과 함께 하는 것입니다.

이번에 출간된【누가이야기: 이루어진 사실】은 예수님과 함께하는 소중한 도구가 될 것입니다. 또 누가이야기를 통해 '호모데우스' 시대에 대한 기독교의 응전으로 '데우스호모(Deus Homo)' 되신, 다시 말해 '인자로 오신 예수님'에 대한 깊은 묵상과 이해로 잘못된 세상의 가치관과 세계관이 교정 될 것입니다.

이 책의 얼개를 살펴보면 크게 두 가지 버전(version)으로 출판되었음을 확인 할 수 있습니다. 첫 번째 버전은 그룹 바이블 스터디 교재입니다. 말씀과 생각을 토론하고 나눌 수 있습니다. 두 번째 버전은 서술형 교재로 혼자나, 구역(목장)원이 함께 천천히 나누어 읽어가며 본문의 내용을 파악 할 수 있도록 구성되어 있습니다.

이번 공과 책을 통해서 한국교회가 다시 한 번 복음으로 타오르는 역사가 나타나기를 바랍니다. 더불어 개인 묵상이 깊어지고 소그룹이 활성화되며 한국교회와 본 교단이 놀랍게 부흥하는 시발점이 되기를 바라며 강력히 추천합니다.

2021년 11월 23일

예수교대한성결교회 100회기 총회장 이상문 목사

| 추천의 글 |

성결의 사람들이 함께 사용할 수 있는 【누가이야기: 이루어진 사실】이 발간되어 참으로 기쁩니다. 이번 공과는 예수교대한성결교회와 대한기독교나사렛성결회가 함께 사용하게 되었습니다. 공과의 제작을 위해 수고하신 모든 분들께 나사렛교단을 대표하여 깊은 감사의 말씀을 드립니다.

복음의 능력은 삶의 현장에 나타나게 되어 있습니다. 오랜 전통을 통해 갖춰진 공 예배와 목회자를 중심으로 하는 교회의 공조직은 하나님의 진리가 세상에 드러나는 중요한 방식입니다. 그럼에도 불구하고 개인의 삶이 새로워지는 것, 형제 자매가 하나가 되는 것, 이방인들이 환영받고 하나님의 공동체로 받아들여지는 가시적인 역사는 실제로 참여가 가능하고 함께 호흡을 느낄 수 있는 소규모의 공동체를 통해 이뤄져 왔습니다.

우리의 구역 모임이 세상의 동호회 모임과 다른 이유는 함께 하나님을 찬양하고 성령의 역사를 사모하기 때문입니다. 말씀 앞에 함께 할 때, 우리는 더욱 정직해지고, 자유로워지며, 일상에서 더욱 힘을 얻을 수 있습니다. 이 공과가 우리의 모임을 생명 있게 만드는데 귀히 쓰이기를 바랍니다.

코로나19 상황으로 인해 다소 움츠렸던 우리 영혼이 2022년 구역모임을 통해 새롭게 일어나기를 바랍니다. 거룩한 모임을 위해 헌신하시는 모든 분들을 축복합니다. 여러분의 가정과 섬기시는 교회 위에 하나님의 은혜가 가득하기를 축원합니다.

2021년 11월23일

대한기독교 나사렛성결회 총회감독 신민규 목사

누가복음 길라잡이

누가복음은 세 번째 복음서이며 전체가 24장, 1152절로 기록되어 사복음서 중 분량이 가장 많습니다. 누가복음과 짝을 이루는 사도행전을 포함한다면 신약성경의 28%나 됩니다. 누가복음은 예수님의 탄생과 죽으심, 부활을 기록함으로 예수님께서 하나님의 아들이시며, 온 인류의 주 이시고, 구원자이심을 증명합니다. 누가복음의 연속인 사도행전은 예수님의 제자들이 예수님의 죽으심과 부활, 주 되심에 순종하고 증거함으로 증인됨을 기록합니다. 이는 구약성경에서 아담 이후로 불순종한 인류의 모습과 대조를 이룹니다. 누가복음은 하나님께 순종하는 예수님, 구약의 성취자 예수님의 삶을 조명합니다. 그리고 예수님께서 제자들을 부르시고 하나님 나라의 복음과, 복음에 합당한 현실적 삶을 가르치심을 기록합니다. 이는 아담 이후에 하나님께 순종하는 새로운 인류인 제자공동체, 교회공동체가 현실에서 어떻게 살아야 하는지를 말씀합니다.

1. 인류가 알아야 할 역사적 사실: 성령으로(1:1-3:38)

누가복음 서문(1:1-4)은 1차 수신자인 데오빌로와 오늘날의 교회공동체가 이미 알고 있는 사실을 더 확실하게 함이 복음서의 기록 목적임을 밝히고 있습니다. 이 목적을 위해 역사적으로 이루어진 사실의 목격자와 말씀의 일꾼된 자들이 전하여 준 것을 근원부터 살피어 기록합니다. 누가는 복음 전도자와 기록자로서의 신중성, 충족성, 엄밀성에 근거하여 체계적으로 기록함을 밝힘으로 오늘날 복음서의 독자들이 예수님을 알아가고 확실한 예수님의 제자로 살아가기를 바라고 있습니다. 예수님께서 구약성경에서 기록된 예언의 성취자이심을 증명하기 위해 요한의 잉태와 탄생, 사역과 예수님의 잉태와 탄생이 하나님께서 말씀하신대로 이루어짐을 차례로 기록합니다. 이 모든 역사의 주관자는 하나님과 성령님임이 강조되고 있습니다. 이는 창조말씀과 유사합니다(창 1장).

2. 새 인류: 예수님의 가르침과 복음 선포(4:1-9:50)

예수님은 탄생예고와 세례 때 하나님의 아들임이 선언되었습니다. 인류의 시작인 아담은 시험에 실패하였으나, 성령 충만하신 예수님은 시험에 승리하시고 구약성경 사 61:1이하의 말씀이 성취될 것을 예고하십니다. 예수님은 이사야서의 말씀대로 귀신들린 사람을 비롯하여 온갖 병자들을 고치시고 하나님 나라의 복음을 전하십니다. 그리고 제자들을 하나님 나라 백성으로 부르시고 그에 합당한 현실적 삶이 어떠해야 하는지를 가르치십니다. 예수님은 제자들에게 세상의 방법을 거부하는 삶, 세상과 반대적인 삶인 하나님 나라의 기준을 제시하십니다. 제자의 삶은 자기를 부인하고 날마다 제 십자가를 지고 예수님을 따르는 삶입니다(9:23). 이러한 삶은 죽음이 아니라 죽음을 통과하여 부활하는 참 생명의 삶, 새로운 인류가 죽기까지 순종하는 삶임을 예수님께서 보여주십니다.

3.새 인류의 삶: 예수님과 동행(9:51-19:27)

예수님의 하나님 나라 복음 사역은 갈릴리에서 시작하여 예루살렘으로 향합니다. 이때 예수님은 동행하는 제자들에게만 집중하여 하나님 나라 복음, 예수님의 제자로의 삶, 하나님 백성으로의 삶, 새로운 인류로서의 삶을 구체적으로 가르치십니다. 그것은 손에 쟁기를 잡고 뒤를 돌아보지 않고, 이름이 하늘에 기록된 것으로 기뻐하는 삶입니다. 선한 사마리아인처럼 자비를 베풀며 하나님께 기도하고 성령을 선물로 받는 것입니다. 외식을 주의하고 의식주를 위해 염려하지 않는 삶이며 회개하는 삶입니다. 그리고 섬기면서 생명을 하나님께 내어 맡기는 삶입니다. 예수님은 하나님께 죽기까지 순종하기 위해 예루살렘에 올라가시고, 부활을 확신하십니다.

4. 새 인류의 완성과 시작: 예수님의 죽으심과 제자공동체(19:28-24;53)

예수님은 아기로 태어났을 때(2장) 구약 제도인 성전에 올라가 율법의 관례를 따라 순종함으로 구약을 성취하셨습니다. 예수님은 공생애 마지막 사역지로 예루살렘에 올라와 변질된 성전과 사람들을 심판하시고, 하나님 나라 복음을 가르치자 대제사장과 지도자들이 예수님을 죽이려합니다. 예수님을 향한 저항과 죽이려는 마음은 논쟁을 통해 더욱 분명해집니다. 예수님의 말씀대로 유대교 지도자들에 의해 체포, 심문, 고난 받은 후, 온 인류(유대인, 이방인, 유다)에 의해 십자가에서 운명하십니다. 예수님의 죽음은 실패처럼 보이고 끝이라고 생각될 수 있습니다. 제자들에게도 그렇게 인식되었습니다. 죽음은 모든 것의 끝이라 생각되기 때문입니다. 그러나 예수님은 말씀대로 부활하셨습니다. 예수님은 낙심한 제자들에게 부활의 모습으로 나타나셨습니다. 그리고 제자들에게 구약성경(모세의 율법, 선지자의 글, 선지서와 시편)이 이루어지는 것이 부활임을 말씀하시고 깨닫게 하십니다. 그리스도(메시야, 구원자)는 고난을 받고 죽고 부활하며 예수의 이름으로 죄 사함 받는 회개가 예루살렘에서 시작하고 전파될 것이 기록되었다고 예수님께서 제자들에게 가르치십니다. 마지막으로 예수님은 제자들에게 이 모든 것의 증인이 되라고 위임하십니다. 이러한 사명과 위임은 첫 사람에게 만물을 다스리라는 위임과 비슷합니다.

누가복음의 의도와 목적대로 1-24장까지 묵상하고 깨닫고 순종한다면, 우리가 예수님을 알아감이 확실해지며, 믿음은 더욱 성장하고, 성숙하여 완숙에 이를 것입니다. 나아가 예수님의 제자로서의 삶, 새로운 인류, 순종하는 하나님 나라 백성으로의 삶을 살아감으로 개인과 가정, 교회공동체가 예수님의 증인된 삶을 살아낼 것이 분명합니다.

| 목 차 |

II. 새 인류: 예수님의 가르침과 복음 선포 (4:1-9:50)

| 목　　차 |

Ⅲ. 새 인류의 삶: 예수님과 동행 (9:51-19:27)

Ⅳ. 새 인류의 완성과 시작 (19:28-24:53)

Ⅰ. 인류가 알아야 할 역사적 사실 : 성령으로 (1:1-3:38)

1. 우리 중에 이루어진 사실(진리)

본문 읽기
누가복음 1:1-4절

본문 배경 |

네 복음서는 예수 그리스도가 복음임을 특색있게 증명하고 증거합니다. 그 중 누가복음은 일차 독자인 '데오빌로 각하'가 이미 알고 있는 사실을 더 확실하게 하기 위해 그리스-로마 역사 기술 방식으로 기록했습니다. 예수 그리스도에 대한 내력(이야기)을 정확하게 기록하기 위해 그 분을 근원부터 자세히(정확하게) 살폈다고 강조합니다. 이러한 목적과 방법 과정을 진술함으로 5절 이후 부터가 의심할 필요가 없는 역사적 사실이고 진리임을 선언합니다.

본문 관찰 및 나눔 |

(1) 누가복음을 통해 온 인류에게 증명하고 증거하려는 것, 모든 사람이 반드시 알아야 할 객관적 진리는 무엇일까요(1-2절)?

1절은 '우리 중에 이루어진 사실'이라고 언급합니다. '이루어졌다'는 단어는 '성취되었다'라는 번역도 가능합니다. 이는 어떤 계획에 이미 말해지거나 알려진 말씀(구약성경과 선지자들의 가르침)이 있었고, 그 말씀은 성취되어 현실이 되고 삶이 되었음을 우리에게 알려줍니다. 예수 그리스도는 온 인류가 부인할 수 없는 객관적 사실이며 진리입니다.

예수님의 오심과 죽으심, 부활은 역사적 진리이기에 이 이야기를 저술(배열 및 정리)하려고 착수한 사람들이 많이 있었습니다. 저술의 근거는 처음부터 목격자와 말씀의 일꾼된 자들이 전하여 준 그대로입니다. 저자의 필요와 목적에 의해 삭제, 삽입, 축소, 과장함이 없었음을 말씀합니다. 저술의 목적은 후대가 알아야 할 진리이기 때문에 그것을 전달하기 위함이 기록 목적입니다. 내 생애에 알고 싶고 후대에 전하고 싶은 것이 있다면 그것이 무엇인지 나누어 봅시다.

(2) 인류의 역사 중 내가 반드시 알아야 할 주관적 진리는 무엇입니까(3-4절)?

인류의 역사 속에 성취된 진리이신 예수 그리스도에 대한 기록에 저자 누가도 동참합니다. 기록 목적은 데오빌로 각하가 이미 알고 있는 진리를 더 확실하게 하기 위함입니다. 누가는 '우리 중에 이루어진 사실'을 기록하기 위해 근원(처음)부터 역사적 관점으로 자세히 살피고 차례대로 기록하였습니다. 그 이유는 이 방법이 데오빌로 각하가 복음을 정확하고 분명하게 이해 하기 위한 최선의 방법이라고 확신했기 때문입니다. 나는 예수님을 얼마나 알고 확신하며 오늘을 살아가는지 점검하고 나누어 봅시다.

말씀 다지기 |

예수님은 온 인류가 반드시 알고 확신을 갖고 믿어야 할 복음입니다. 예수님은 '우리 중에 이루어진 사실'이며 어느 누구도 부인할 수 없는 역사 그 자체입니다. 이 사실은 구약성경과 선지자들을 통한 하나님의 약속이 역사 속에서 성취됨으로 명확해집니다. 우리의 믿음은 약속과 성취를 통해 더욱 확고해집니다. 따라서 우리 모두는 하나님 말씀을 자세히 살피고 연구하고 묵상하며 삶에 실천해야 합니다. 믿음은 어떠한 유혹과 열악한 환경에도 그 사실을 확인할 수 있는 열매로 증명됩니다.

'데오빌로'라는 이름의 뜻은 '하나님께 소중한', '하나님이 사랑하시는 자'입니다. 따라서 데오빌로는 특정 개인을 포함한 당시의 신앙인과 시대와 문화를 초월하여 하나님께 소중하고 사랑받는 사람 모두를 가리킵니다. 우리 모두는 누가복음 말씀을 읽고 변함없는 진리를 깨달을 수 있습니다. 지금까지 듣고 배우고 알았던 진리에 대하여 확신을 가질 수 있습니다. 누가복음을 충실하게 공부하고 묵상하는 모두에게 예수님을 향한 믿음이 더욱 확실해지기를 소망합니다.

찬양 | 80장 천지에 있는 이름 중 (통일 101장)

기도 | 예수님을 정확히 알기 원하오니 깨닫게 도와주소서.

| 나눔노트 |

2. 세례 요한의 잉태

본문 읽기

누가복음 1:5-25절

본문 배경 |

유대 왕 헤롯 때(B.C 37-4) 구약 제도에 따라 제사장 사가랴가 성전에 들어가 분향합니다. 천사는 사가랴에게 엘리사벳의 불임으로 인한 기도가 응답되어 아들을 준다고 약속합니다. 아들의 사명은 성령 충만하여 이스라엘 자손을 하나님께로 돌아오게 하는 것 입니다. 세례 요한의 태어남은 구약 말라기4장에 나오는 엘리야를 보내겠다는 예언의 성취입니다. 그 예언에는 주님의 백성을 준비시키는 사역도 포함되어 있습니다.

본문 관찰 및 나눔 |

(1) 사가랴와 엘리사벳의 신앙과 현실적 상황은 어떠하였습니까 (5-10절)?

사가랴와 엘리사벳 부부는 신앙적으로 의인입니다. 주의 모든 계명과 규례대로 흠이 없이 행동하는 성실한 믿음의 사람들입니다. 그러나 삶의 현실은 그들의 기대와는 달리 아내의 불임과 나이까지 많아 자녀를 기대하기 힘든 상황입니다. 사가랴는 제사장 반열의 차례를 따라 성전에 들어가 제사장 직무를 감당하고 백성들은 밖에서 기도합니다. 하나님 말씀에 순종하는 삶과 현실의 고난(의인의 고난)을 성경은 어떻게 말씀합니까? 나에게도 말씀과 현실의 충돌이 있다면 나누어 봅시다.

(2) 가브리엘이 사가랴에게 전한 하나님의 말씀은 무엇입니까 (11-17절)?

사가랴 부부는 불임 상태에서 하나님께 기도했습니다. 그 기도에 하나님께서 응답하십니다. 아들을 주신다는 응답입니다. 아들의 태어남은 사가랴와 주변의 많은 사람에게 기쁨이 될 것입니다. 하나님은 태어날 아들이 모태로부터 성령 충만함을 받아 많은 사람들을 하나님께로 돌아오게 하는 사명자임을 가브리엘 천사를 통해 알려주십니다. 개인적인 기도의 응답이나 기도제목, 교회와 하나님 나라를 위해 해야 할 의무나 사명을 나누어 봅시다.

(3) 사가랴에게 주신 하나님 말씀은 어떻게 성취되어집니까 (18-25절)?

사가랴는 기도했음에도 불구하고 늙고 나이 많은 현실로 아들을 낳는다는 하나님의 말씀을 신뢰하지 못합니다. 사가랴의 불신으로 아들이 태어나기까지 말을 못한다는 선언을 듣습니다. 그러나 아들이 잉태된다는 하나님 약속은 나이 많은 현실의 상황과 엘리사벳의 불임을 초월하여 성취됩니다. 하나님이 아브라함과 사라에게 이삭을 약속하시고 성취하신 말씀을 함께 기억하며(창 18장), 나는 경험과 지식 그리고 눈에 보이는 현실을 신뢰하는지, 하나님 말씀을 더 신뢰하는지 점검하고 경험을 나누어 봅시다.

말씀 다지기 |

하나님의 계획과 약속의 말씀이 성취되어지는 것은 인간의 역사적 현실로 나타납니다. 유대 왕 헤롯 때에 제사장 사가랴의 신앙과 현실적 상황은 대조됩니다. 아들을 구하는 그들의 기도는 응답되지 않는 것 같았으나, 하나님께서는 아들을 주시겠다고 약속하십니다. 세례 요한은 모태로부터 성령 충만하여 이스라엘 자손을 하나님께로 돌아오게 하고, 주(예수)를 위하여 세운 백성을 준비시킬 것이라는 사명을 부여받습니다. 하나님의 약속은 즉시 이루어지는 것과(사가랴의 말 못함) 후에 일어나는 일(엘리사벳의 임신)을 통해 요한의 사명 감당을 확신케

하고 기대하게 합니다.

하나님 말씀대로 성취된 역사적 사실은 우리 모두가 하나님과 그분의 말씀을 철저히 신뢰하도록 인도합니다. 우리 믿음은 자신의 열심과 결단에 있지 않고 하나님 말씀대로 성취된다는 진리에 근거합니다. 그리고 우리는 그 진리에 합당하게 반응해야 합니다.

찬양 | 550장 시온의 영광이 빛나는 아침 (통일 248장)

기도 | 나에게 생명주신 하나님 뜻을 알고 살기 원하오니 도와주소서.

| 나눔노트 |

3. 새 시대(예수)의 잉태

본문 읽기
누가복음 1:26-56절

본문 배경 |

예수님은 다윗 왕의 자손이기에 왕으로 잉태됩니다. 마리아는 잉태 사실을 받아들일 수 없는 약혼한 상태이지만 "말씀대로 내게 이루어지이다"라고 하나님의 역사를 인정합니다. 태어날 아기는 하나님의 아들이며, 이스라엘을 다스릴 왕으로 하나님 나라가 무궁할 것을 선언합니다(25-38절). 마리아는 엘리사벳이 임신했다는 가브리엘의 말이 사실임을 방문을 통해 확인하고(39-45절) 하나님을 찬양합니다(46-55절).

누가는 불가능한 상황에서 생명의 잉태를 가능하게 하는 주체가 '성령'임을 강조하고 있습니다. 이는 창세기 1장 2절의 '하나님의 신이 수면에 운행'하심으로 모든 창조가 일어났던 것과 동일한 새 창조, 새 시대의 시작임을 알려줍니다.

본문 관찰 및 나눔 |

(1) 예수님의 잉태는 어떻게 예고되어 있나요(26-38절)?

동정녀 마리아가 예수님을 잉태함은 성령과 하나님의 능력(35절)으로 가능했습니다. 마리아는 생명 잉태를 인정하기 힘든 상황에서 사가랴의 의심과는 달리 “주의 여종이오니 말씀대로 내게 이루어지이다”라고 받아들입니다. 잉태될 아기는 하나님의 아들이며 왕으로 이스라엘을 다스릴 분이십니다. 동정녀의 몸을 통한 예수님의 태어나심은 유한한 인간의 역사 속에 초자연적 하나님의 일하심이 함께함을 증명합니다. 우리의 잉태부터 현재까지 그리고 미래의 삶에 나타날 하나님의 섭리를 나누어 봅시다.

(2) 임신 불가능한 두 여인의 만남을 이어준 것은 무엇일까요(39-45절)?

마리아는 천사 가브리엘의 예고를 하나님 말씀으로 받아들여 엘리사벳을 찾아갑니다. 불가능한 상태에서 임신 6개월이 지났나는 소식을 들었기 때문입니다. 성령 충만한 엘리사벳과 태아는 마리아와 복중의 태아에게 복이 있다고 선언합니다. 잉태된 아기를 향해 ‘내 주(왕)’라고 고백합니다. 태중에 있는 요한도 기뻐 뛰놀음으로 예수님을 왕으로 인정합니다. 우리 일상에서 사람과 사건을 대하는 나의 기준은 세상의 방법입니까? 성령 충만한 인도하심에 대한 순종입니까?

(3) 마리아는 임신 중인 엘리사벳을 방문합니다. 이것을 확인한 마리아는 하나님께 어떤 반응을 보입니까(46-56절)?

마리아는 하나님 말씀대로 이루어진 자신의 잉태와, 불가능한 현실적 상황에서 임신한 엘리사벳을 만난 후, 하나님을 찬양합니다. 그녀는 비천함을 돌보시는 하나님, 능력의 하나님, 긍휼하신 하나님, 말씀하신 그대로 예수님을 통해 새 시대를 이루시는 하나님을 찬양합니다. 마리아의 찬양을 통해 느껴지고 상상되는 현실은 어떤 세상입니까? 내가 하나님께 드리고 싶은 찬양과 고백을 나누어 봅시다.

말씀 다지기 |

성령은 예수님의 잉태를 약속하시고 성취하심을 가능케 하셨습니다. 성령 충만은 하나님의 역사를 깨닫고 동참하며 찬양케 합니다. 인류의 첫 사람 아담 이후로 불순종한 인류지만 이제부터 성령의 능력과 성령 충만함으로 순종의 새 시대가 시작됨을 말씀해 주십니다. 성령 충만한 요한과 엘리사벳, 하나님의 역사를 깨달아 찬양하는 마리아의 노래는 성령 충만이 아니고는 불가능한 일입니다. 하나님의 아들이시며 이스라엘과 인류의 왕이신 예수님의 잉태는 아담 이후와 전혀 다른 새로운 시대의 개막을 예고하고 기대하게 합니다. 구약의 시대가 끝나고 새로운 시대, 왕이신 예수님의 시대, 성령 충만의 시대에 어떻게 반응하시겠습니까?

찬양 | 36장 주 예수 이름 높이어 (통일 36장)

기도 | 예수님으로부터 시작되는 새 시대를 알고 살아가게
도와주소서.

| 나눔노트 |

4. 약속의 성취: 세례 요한의 출생

본문 읽기
누가복음 1:57-80절

본문 배경 |

하나님의 살아 역사하심과, 우상과의 차이는 '말씀하신 그대로 성취되었느냐?'에 있습니다(사 41:21-24). 누가는 예수님의 잉태와 탄생, 삶과 사역을 기록하기 전, 요한의 잉태와 탄생 역시 하나님의 말씀대로 성취되고 있음을 증명합니다. 하나님의 말씀대로 불가능한 상태에서 요한이 잉태되었고 출산함을 말합니다. 사가랴는 요한의 잉태 말씀을 믿지 못했었으나 현재의 성령 충만한 예언은 요한의 사역, 즉 주의 길을 예비하고 죄 사함으로 구원을 알게 하는 사역임을 선언합니다. 이는 하나님의 창조역사가 약속대로 성취되어짐이 반복하며 발전하여 완성됨을 알게 합니다.

본문 관찰 및 나눔 |

(1) 세례 요한의 출생에 대한 약속의 말씀은 어떻게 성취됩니까 (57-66절)?

세례 요한의 출생과 즐거움의 예고(13-14절)는 성취되었습니다(57-58절). 요한이라는 이름도, 사가랴의 혀가 풀리는 것도 성취되었습니다(63-64절). 이 사실을 목격한 사람들은 태어난 아기를 주목합니다. 본문은 "주의 손이 그(요한)와 함께 하심"이라고 정리합니다. 처음부터 지금까지 모든 것을 주도하시는 분은 하나님이시고 성령이십니다. 인간은 하나님의 초자연적 생명 창조역사를 목격하면서 올바로 반응할 뿐입니다.

하나님께서 약속하신 말씀이 내게 이루어진 경험을 나누어 봅시다.

(2) 성령 충만한 사가랴의 예언은 무엇입니까(67-80절)?

성령이 충만하여 예언하는 사가랴의 말은 그의 말이 아니라 성령님의 말씀입니다. 사가랴의 예언은 하나님 찬양과 요한의 미래 사역입니다(68-80절). 이스라엘의 하나님은 자기 백성을 속량하시고 구원의 뿔을 다윗의 집안에서 일으키셨습니다. 이것은 예수님을 가리키고 있습니다. 이러한 성취는 선지자의 입으로 말씀하신 약속과 예언의 성취입니다. 그리고 하나님께서 아브라함과의 언약을 기억하신 결과입니다. 자기 백성을 구원하신 목적은 두려움 없이 종신토록 성결과 의로 하나님을 섬기게 하기 위함입니다(75절). 하나님을 섬김은 기쁨이고 자원함이며 즐거움이고 삶의 이유와 목적 최고의 존재가치입니다.

세례 요한의 미래 사역은 하나님의 선지자로 예수님의 길을 준비하고 죄 사함으로 구원을 알리는 일입니다. 이 모든 것은 하나님의 긍휼하심에 근거(78절)한 새로운 시대, 즉 어둠과 죽음의 그늘에 앉은 자에게 해가 비침으로 평강의 길로 인도하는 시대가 시작될 것을 예언합니다. 미래의 사역을 현실로 성취하기까지는 아기 요한이 자라기까지 현실의 기다림은 반드시 요구됩니다. 현재 나의 삶은 죽음과 어둠의 그늘 아래 있습니까? 아니면 하나님의 긍휼과 속량, 돌보심과 평강 가운데 살아가십니까? 서로 나누어 봅시다.

말씀 다지기 |

사가랴는 아들을 주겠다는 하나님의 말씀을 처음에는 신뢰하지 못했습니다. 그럼에도 하나님은 약속대로 요한을 잉태하고 출산케 하셨습니다. 늙고 나이 많은 상황적 현실에 의해 불신했던 사가랴는 하나님 약속의 성취를 목격하며 성령 충만하게 됩니다. 성령 충만은 개인의 만족을 위함이 아닌 하나님의 구원 역사를 찬양케 합니다. 그리고 하나님께서 주신 아들 요한의 미래 사역, 즉 하나님의 구원 역사를 예언하게 합니다. 하나님의 약속하신 말씀이 이루어짐은 반복됩니다. 어떤 부분은 예언이 성취되고 또 다시 예언이 시작되어 온전한 성취를 향해 나아갑니다. 그 순간순간의 과정인 지금의 현실과 현장이 하나님의 역사 그 자체입니다. 하나님의 선한 창조역사는 우리 모두에게 묻습니다. '믿음으로 반응하여 하나님의 역사에 동참할 것인가? 불신으로 외면할 것인가?' 라고.

찬양 | 450장 내 평생 소원 이것뿐 (통일 376장)

기도 | 인간중심의 불신에서 성령 충만하기 원하오니 긍휼히 여기소서.

| 나눔노트 |

5. 예수님의 출생 비밀과 신비

본문 읽기
누가복음 2:1-21절

본문 배경 |

예수님은 가이사 아구스도의 엄중한 통치 시대에 베들레헴에서 출생하셨습니다. 천사는 출생한 아기가 그리스도이며 표적이라고 말했습니다. 예수님의 출생은 희망이 없던 시절에 기쁨의 좋은 소식이었습니다. 예언은 그치고, 로마의 강력한 힘이 지배하는 세상에 사람의 몸을 입은 하나님이 사람을 찾아오셨습니다. 예수님의 출생은 잃어버린 세상을 다시 구원하시려는 하나님의 뜻이었습니다. 첫 번째 소식이 밤새 양을 지키던 목자들에게 들렸다는 것은 많은 것을 의미합니다. 예수님은 희망이며 복음입니다. 그를 통해 하나님은 절망과 어두운 역사를 새롭게 변화시켜 하나님의 구원을 성취하십니다.

본문 관찰 및 나눔 |

(1) 로마 황제의 호적령으로 나사렛에 살던 요셉과 마리아는 다윗의 동네 베들레헴으로 갔습니다. 시대적 상황을 고려한 누가의 관찰과 기록은 무엇을 의도한 것이라고 생각하십니까?

누가는 마리아의 임신과 호적령에 따른 매우 일상적인 상황에서 하나님의 일하심을 나타내려고 했습니다. 누가는 예수님의 출생을 위하여 황제의 통치 상황을 긍정적으로 이해했습니다. 그를 통해 메시아가 오는 길이 적합하게 만들어졌기 때문입니다. 예수님은 하나님 나라의 약속의 가문인 다윗의 혈통으로 출생하셔야 했습니다. 그리고 예수님은 이미 미가서 5장 2절에 약속된 메시아의 출생의 장소인 베들레헴에서 출생하셨습니다. 누가는 메시아의 오심에 대한 구체적인 성경의 '예언 성취'를 강력하게 지지하고 있습니다.

앞으로 다시 오실 예수님에 대한 예언은 어떻게 성취될지 생각을 서로 나누어 봅시다,

(2) 영광스러운 메시아의 출생과 그 소식을 전하는 목자들의 모습에서 무엇을 관찰할 수 있습니까?

첫째로, 모든 권위와 능력을 내려놓은 무기력한 하나님의 아들을 볼 수 있습니다. "강보에 싸여(2:12절)"라는 표현은 세상에서 가장 연약한 인간의 모습을 보여줍니다. 둘째로, 목자들은 "기쁨의 좋은 소식"을 처음 듣고 사람들에게 그 소식을 전했습니다. 천사의 소식을 들은 마리아

는 그 소식을 마음에 깊이 새겼고 목자들은 자신이 본 것을 가지고 하나님께 영광 돌렸습니다(2:20). 누가는 천사로부터 처음 소식을 들은 목자들의 역할을 남다르게 주목했습니다. 우리도 그 복음을 들었습니다. 내가 오늘 지금 그 현장의 목자라면 어떻게 해야 하는지 나누어 봅시다.

말씀 다지기 |

예수님은 호적을 위하여 방문한 베들레헴에서 출생했습니다. 양을 지키던 목자들이 예수님의 출생의 첫 번째 소식을 들었습니다. 그들은 천사가 일러준 말을 사람들에게 전해 주었습니다. 예수님의 출생 소식은 낮은 곳에서 평범한 목자들에게 처음 전해졌습니다. 그들은 자신들이 본 것을 통해 하나님께 영광 돌렸습니다. 복음을 들은 사람은 누군가에게 전해 주어야 합니다. 예수님의 출생과 시대적 상황, 그리고 밤새 양을 지키던 성실한 목자들은 모두 그리스도의 출생과 그 소식을 전하는 일에 참여하고 있습니다. 오늘도 하나님은 구원의 역사를 위하여 평범한 것을 사용하여 특별하게 성취하십니다. 복음은 낮고 희망 없는 이 세상에 새로운 의미와 큰 기쁨이 됩니다(눅 2:9, 14).

찬양 | 38장 예수 우리 왕이여

기도 | 그리스도가 계신 곳에 기쁨과 희망이 있음을
알게 하소서.

| 나눔노트 |

6. 구약(율법과 성전)을 지키시는 예수

본문 읽기

누가복음 2:22-52절

본문 배경 |

본문은 아직 어린 예수님이 부모님과 함께 성전에 올라가 정결 예식에 참여하신 것을 기록하고 있습니다. 예수님은 구약의 약속을 성취하신 그리스도이며 장차 하나님의 백성을 구속하실 분입니다. 예수님은 구약의 모든 율법과 정신을 배웠습니다. 이것은 예수님이 구약의 가르침에 따라 출생하신 것과 이후 구약의 여러 규례를 지키며 메시아로 활동할 것을 보여주는 것입니다. 예수님은 온전히 하나님의 뜻과 함께 성장했습니다.

본문 관찰 및 나눔 |

(1) 예수님은 "모세의 법대로(22절)" 예루살렘에 올라갔다는 것과, 성전에서 아기를 만난 시므온과 안나의 태도에서 무엇을 발견할 수 있습니까?

예수님은 메시아로 세상의 모든 규례와 법도로부터 자유로운 분임에도 불구하고 유대인 가정의 맏아들로 모든 경건한 삶을 배웠습니다. 경건은 하나님의 목적에 시선을 돌리게 하며, 하나님의 목적을 적극적으로 순종하는 삶을 선택하게 합니다. 그리고 성전에서 아기 예수님을 만난 시므온과 안나는 아기를 안고 즐거워했고 하나님께 감사했습니다. 두 사람은 메시아를 기다리는 이스라엘의 공통된 소망을 가진 사람들을 대표합니다. 그들은 모두 성령에 의하여 하나님의 일을 알게 된 사람들입니다(26, 37절). 경건의 능력은 하나님의 사람을 성령과 지혜로 인도합니다. 그 사람은 때를 따라 도우시는 하나님의 지혜로 시절을 분별하는 사람이 될 수 있습니다.

우리 시대에도 또 다른 하나님의 때는 올 것입니다. 경건의 능력을 따라 현재를 어떻게 살고 있는지 나누어 봅시다.

(2) 예수님의 성장하는 모습을 통하여 무엇을 발견할 수 있습니까?

누가는 예수님의 성장이 다른 소년들과 다르다는 것에 관심을 나타냅니다. 특별히 누가는 어린 예수님의 지혜와 하나님의 평가하시는 관점을 기록하고 있습니다. 성전에서 선생들과 율법에 관한 토론에 참여하는 모습은 예수님이 부모님과 하나님의 돌봄 아래 성장하고 있음을 잘 보여주고 있습니다(40, 52절). 부모인 요셉과 마리아는 소년 예수님을 위하여 제일 좋은 가르침과 환경을 제공했습니다. 예수님은 모범적인 가정에서 성장하고 있었습니다(41절). 경건한 부모와 가정은 하나님의 목적을 위하는 가정이며, 그곳에서 양육과 성장을 하는 사람은 하나님이 축복합니다.

부모로써, 또는 자녀로써 나는 어떤지 생각을 나누어 봅시다.

말씀 다지기 |

본문에는 아기가 보여준 어떤 행동도 없습니다. 하지만 모든 것은 아기 예수님을 중심으로 진행됩니다. 이것이 그리스도를 보내주신 하나님의 계획입니다. 세상은 이 아기를 통해 새로워질 것이며, 아기를 통해 하나님의 뜻이 성취될 것입니다. 따라서 예수님은 세상의 빛이며 소망입니다. 예수님이 하나님의 은총으로 성장하는 모습은 모든 가정의 자녀들에게 제공되어야 할 환경입니다. 하나님은 아기를 통해 기뻐하는 시므온과 한나, 그리고 예수님의 성장을 축복해주십니다

찬양 | 449장 예수 따라가며 (통일 377장)

기도 | 나와 가정이 하나님을 위하는 경건의 삶을 배우게 하소서.

| 나눔노트 |

7. 회개의 세례와 그리스도의 오심

본문 읽기
누가복음 3:1-20절

본문 배경 |

세례 요한에 의한 회개의 물세례는 그리스도의 오시는 길을 미리 준비하기 위한 목적이 있습니다. 예수님은 자신에게 세례 베풀기를 거부하는 세례 요한에게 하나님의 뜻을 이루기 위하여 세례 베풀 것을 요청하셨습니다. 예수님이 받으신 세례는 하나님께서 그리스도의 공적 사역을 승인한 사건입니다. 이제 세례 요한에 의한 한 시대는 저물고, 그리스도에 의한 새로운 시대가 열렸습니다. 그날 이후 세례 요한은 헤롯에 의하여 옥에 갇혔으며 그의 사역은 막을 내립니다.

본문 관찰 및 나눔 |

(1) 세례는 무엇이며, 예수님이 물세례를 받은 이유는 무엇입니까?

그의 세례는 회개를 위한 세례로써, 죄를 떠나 하나님께로 돌아가기 위한 것이었습니다. '회개'라는 말의 헬라어는 '메타노이아'로써, 이것은 '마음을 완전하게 돌이키는 것'이라는 뜻입니다. 물세례는 단회적 사건이지만, 이것은 구약의 선지자들이 강조했던 하나님 앞에서 합당한 삶을 위한 '회심'의 또 다른 표현입니다. 따라서 요한의 세례는 내적인 변화와 함께 외적인 열매를 요구했습니다(11절). 진정으로 회개한 사람이야말로 비로소 그리스도를 영접할 준비를 하는 것이기 때문입니다. 우리가 세례를 받았을 때 어떤 변화가 있었는지 나누어 봅시다.

(2) 세례 요한이 베푼 물로 세례를 받으므로 맺어야 할 회개의 합당한 열매(7-9절)와, 타작마당을 정하시는 하나님의 심판 (15-17절)과의 연관성은 무엇입니까?

물세례가 마음의 변화를 위한 회개의 세례라고 한다면, 성령은 하나님의 능력을 힘입어 회심한 그리스도인들이 현실에서 실질적인 믿음의 삶을 살도록 능력 주시는 것을 말합니다. 따라서 누가는 사도행전에서 성령의 실질적인 죄의 씻음과 성결의 능력을 강조합니다(행 1:5; 11:16). 회심한 그리스도인들은 성령의 부어짐을 통해 세례 요한의 약속이 온전히 실현되는 것을 알게 될 것입니다. 세례 요한은 당시 현실적이며 실제적인 위협으로 헤롯을 언급했습니다(20절). 그는 그리스도인의 삶을 위협하게 될 현실적 악의 힘을 대적할 수 있는 것은 온전한 회심(8절) 이후에 그리스도가 베푸실 성령의 세례(16-17절)을 받아야 한다고 말한 것입니다. 그리스도인은 이처럼 구체적이고 현실적인 악한 시대에 온전한 회개와 그리스도를 믿는 믿음으로 무장해야 합니다. 나에게 회개와 믿음의 무장은 어떠한지 나누어 봅시다.

말씀 다지기 |

현재 우리가 직면한 세상의 악과 그것을 이길 구체적인 방법은 온전한 회개와 그리스도의 영이신 성령 충만 뿐입니다. 우리 시대의 가장 대표적인 악은 과학의 발전에 기대어 하나님을 불신하는 시대성입니다. 과학적 무신론은 하나님을 부인하고, 유물론 사상은 인간을 단지 생물학적 존재로만 인정합니다. 이런 시대에 요한이 외친 "회개의 합당한 열매"와 "성령과 불"은 물질 중심의 시대로부터 돌아서 하나님을 향한 신실한 믿음의 사람으로 새롭게 하실 것입니다. 현실의 구체적인 악을 이기는 힘은 구별된 하나님의 사람이 되는 것이며 오직 믿음뿐 입니다(요일 5:4).

찬양 | 357장 주 믿는 사람 일어나 (통일 397장)

기도 | 회개의 참된 열매를 맺어 성령으로 세상을 이기게 하소서.

| 나눔노트 |

8. 예수님, 하나님의 아들

본문 읽기
누가복음 3:21-38절

본문 배경 |

예수님께서 세례를 받고 물에서 나오실 때 하늘에서 하나님의 음성과 성령이 비둘기 같이 내려 왔습니다. 이러한 현상은 그분이 하나님의 아들, 곧 그리스도임을 세상에 알린 사건이 되었습니다. 누가는 2장에서 예수님이 다윗의 동네에서 출생한 것을 의도적으로 강조했습니다. 본문에서는 족보를 통한 다윗의 가문 혈통으로, 그리고 나타난 현상에서 예수님이 하나님의 아들이심을 재차 강조하고 있습니다.

본문 관찰 및 나눔 |

(1) 예수님의 세례와 이후에 나타난 현상과 그 의미를 설명할 수

있습니까?

예수님은 다른 사람들과 마찬가지로 세례를 받으셨습니다. 그때 성령이 비둘기 같은 모습으로 예수님 위에 내려왔고, 하늘에서는 "너는 내 사랑하는 아들이라 내가 너를 기뻐하노라(3:22)"라는 음성이 들렸습니다. 누가는 본문을 통해 세 개의 특징적인 상태를 "하늘이 열렸다(3:21)", "성령이 내려왔다(3:22)", "소리가 났다(3:22)"라고 기록했습니다. 이 상황은 하나님의 특별한 뜻이 예수님에게 나타난 것을 의미합니다. 그것은 다름 아닌, 예수님의 사명을 메시아로 승인하는 하나님의 뜻이 드러난 것입니다. 나에 대한 하나님의 뜻은 무엇인지 생각을 나누어 봅시다.

(2) 예수님의 족보가 나타내는 특징과 예수님을 그리스도로 이해한 누가의 특별한 관찰에 대하여 어떻게 이해합니까?

누가는 예수님의 족보를 기록하면서 마태복음이 기록하는 일곱 세대씩 나누는 "...가...를 낳고(마 1:2)"라는 형식을 선택하지 않았습니다. 누가는 요셉으로부터 시작하는 계보가 위를 향하게 하여 결국에는 하나님께 이르도록 기록했습니다. 누가는 예수님에게는 인간의 계보가 필요하지 않으며 그분은 하나님의 아들이라는 것을 강조하고 있습니다. 그는 이미 복음서 곳곳에서 예수님이 하나님의 아들로서 인간과 맺는 새로운 관계에 대하여 말했습니다(1:35; 2:14, 49; 3:21-22). 누가는 이미 예수님은 성령에 의하여 세상에 오신 하나님의 아들이며 자기 백성을 죄에서 구원할 그리스도(1:31-32)라는 사실을 믿었습니다. 의사 또는 고대 사회의 과학자로 알려진 누가는 예수님의 출생의 신비를 의심하지 않았습니다. 그는 그것을 하나님의 주도적 역사로 보았습니다. 예수님의 출생은 생리적 사건 이전에 믿음 사건이었던 것입니다. 예수님의 "하나님 아들 되심"에 대해 우리는 어떻게 증명 또는 증언 할 수 있는지 나누어 봅시다.

말씀 다지기 |

누가는 자기 눈에 비친 예수님의 신비한 출생 사건을 믿음 사건으로 수용했습니다. 성경의 사건을 믿음으로 바라볼 때 성령은 그에게 믿음의 은사를 더해 줍니다. 성령은 우리의 보혜사이자 가르치는 분입니다(요 16:13). 그러므로 누가는 복음서 여러 곳에서 회개와 성령을 강조했습니다. 누가는 불신앙의 시대에 믿음의 눈으로 예수님을 하나님의 아들로 보았습니다. 첨단 과학의 시대인 21세기에도 여전히 필요한 것은 믿음뿐입니다. 이런 시대에 예수님을 하나님의 아들이라고 믿는 우리의 신앙은 조롱받을 수 있습니다. 하지만 우리는 누가의 영성을 본받아 주의 말씀을 깊이 묵상하는 믿음을 향상시켜야 합니다.

찬양 | 201장 참 사람 되신 말씀 (통일 240장)

기도 | 불신앙의 시대에 깊은 영적 통찰력을 갖게 하소서.

| 나눔노트 |

II. 새 인류: 예수님의 가르침과 복음 선포 (4:1-9:50)

9. 성령 충만으로 승리하신 예수님

본문 읽기
누가복음 4:1-30절

본문 배경 |

성령 충만해서 요단강에서 돌아오신 예수님은 성령께 이끌리어 광야에서 사십 일 동안 금식 기도를 하셨습니다(1절, 마 4:2). 예수님은 공생애(公生涯)를 기도와 성령 충만으로 시작하심으로 그리스도인들에게 모범을 보이셨습니다. 그리고 성령 충만할 때 시험에서 승리할 수 있음을 보여주십니다. 시험에서 승리하신 예수님은 나사렛 회당에서 이사야서 61장 1-2절을 읽으심으로(18-19절) 메시아의 예언이 성취되었음을 선포하십니다(21절). 성령께서 예수님에게 기름을 부어 그리스도(기름 부음 받은 자)가 되게 하심은 가난한 자에게 복음을 전하기 위해서입니다. 이 복음은 영육 간에 자유케 하는 능력, 모든 억눌림에서 승리하게 하는 능력입니다(18절). 그러나 예수님의 고향, 나사렛 사람들은 예수님을 메시아로 받아들이지 않습니다(24절). 오히려 예수님에게 분노하고 해하려고 합니다(28-29절). 예수님은 과도한 그들의 위협에도 사명의 길을 가십니다. 그리고 가버나움으로 떠나가십니다(30-31절).

본문 관찰 및 나눔 |

(1) 예수님이 공생애를 시작하시기 전에 했던 일은 무엇입니까 (1절, 마 4:2)?

일상다반사를 기도로 시작하고 있습니까? 교회의 사역과 봉사도 기도와 성령 충만함으로 감당하고 있습니까? 예수님은 기도와 성령 충만으로 공생애를 시작하셨습니다. 예수님처럼 중요한 사역과 일을 위하여 금식하거나 기도한 경험이 있다면 나누어 봅시다.

(2) 마귀의 세 가지(3,7,9절) 시험과 예수님의 답변(4,8,12절)은 무엇이었습니까?

예수님은 철저하게 말씀으로 시험을 물리치셨습니다. 평소 하나님의 말씀을 읽고 묵상하는 습관이 없다면 불가능한 일입니다. 머리가 좋아서 말씀을 많이 암송한다고 되는 일도 아닙니다. 성령께서 때마다 가장 적절한 말씀을 가르치시고 생각나게 해 주셔야 합니다(요 14:26). 기도와 말씀으로 성령 충만한 삶을 살아야 합니다. 모든 순간에 기도와 말씀으로 성령님의 도우심을 구하는지 자신의 신앙생활을 돌아봅시다.

적절한 순간에 하나님의 말씀이 생각나서 승리했던 경험들을 나누어 봅시다.

(3) 예수님은 나사렛 회당에서 이사야 61장 1-2절을 읽으시며 메시아의 오심을 선포하셨습니다. 성령님의 기름부음을 받은 예수님의 사명은 무엇입니까(18-19절)?

성령 충만은 삶으로 증명되어야 합니다. 성령으로 충만한 사람은 어떤 삶을 살까요? 가난한 자에게 복음을 전하고 있습니까? 포로 된 자에게 자유를, 눈 먼 자에게 다시 보게 함을 전하고 있습니까? 모든 억눌림에서 해방시켜 자유케 하는 승리의 복음을 전하고 있습니까? 성령님으로 충만한 것은 개인적 체험에만 머물지 않아야 합니다. 성령 충만한 삶으로 어떻게 살아갈 것인지 서로 나누어 봅시다.

말씀 다지기 |

예수님은 첫 번째 시험을 신명기 8장 3절을 인용하여 말씀으로 승리하십니다(4절). 두 번째 시험은 신명기 6장 13절을 인용하십니다(8절). 그러자 마귀가 시편 91편 11-12절을 인용하여 예수님을 세 번째 시험을 합니다(10-11절). 이에 예수님은 신명기 6장 16절을 인용하여 또 다시 승리하십니다(12절). 성령 충만하신 예수님은 말씀으로 시험을 이기십니다. 성령님은 말씀을 가르치시고 생각나게 하십니다(요 14:26).

찬양 | 187장 비둘기 같이 온유한 (통일 171장)

기도 | 성령 충만을 사모하며 기도하오니 승리하도록 도와 주소서.

| 나눔노트 |

10. 자유하게 하는 복음의 능력

본문 읽기
누가복음 4:31-44절

본문 배경 |

가난한 자에게 복음을 전하는 메시아의 사명을 선포하신 예수님은 환영하지 않고 배척하는 고향, 나사렛을 떠나 갈릴리 가버나움으로 가십니다(30-31절). 안식일에 회당에서 말씀을 가르치시며 더러운 귀신 들린 사람을 고쳐주시고(35절), 시몬 베드로의 집에서 열병에 시달리는 그의 장모의 병을 고치십니다(38-39절). 해가 져서 안식일이 끝나자 몰려든 많은 병자들을 예수님이 고치시고 귀신들을 내쫓으십니다(40-41절). 이사야서 61장 1-2절의 말씀이 이 땅에 임한 것입니다. 영적, 육체적 억눌림에 있는 사람들을 자유케 하셨습니다. 복음은 자유케 하는 능력입니다. 사람들은 예수님을 떠나지 못하도록 만류했지만, 예수님은 온 천하에 하나님 나라의 복음을 전하는 것이 사명이라며 이들의 제안을 거절하십니다(42-43절). 예수님의 중요한 사명은 복음 전파입니다. 예수님은 갈릴리 여러 회당을 다니시며 모든 이들에게 전도하십니다(44절).

본문 관찰 및 나눔 |

(1) 더러운 귀신들린 사람이 예수님을 안다고 소리 질렀습니다(34절). 이에 대한 예수님과 귀신의 반응은 어떠했습니까?(35절) 귀신들린 사람의 상태는 어떻게 되었습니까?

귀신의 존재를 인정합니까? 우리의 일상이 영적 전쟁터임을 인지하고 있습니까? 귀신들림은 물론이고 여러 유혹과 범죄로 영적 눌림을 당하고 있는 사람들이 있습니다. 우리를 억누르는 영적 억압은 무엇이 있을까요? 그런 영적 억눌림에서 벗어날 수 있는 방법은 무엇이며 영적 억눌림에 있는 주변인들을 자유케 하기 위하여 어떤 도움이 필요할지도 나누어 봅시다.

(2) 예수님은 시몬 베드로의 장모의 중한 열병을 치유하셨습니다(39절). 병을 고치기까지 어떤 과정이 있었나요(38-39절)? 육체의 억눌림에서 자유케된 이 일은 어떤 말씀이 응한 것일까요(18-19절)?

복음은 영육 간에 자유케 하는 전인적(全人的)이고 통전적(holistic)

인 능력입니다. 복음은 나를 자유하게 합니다. 나의 삶에서 예수님의 능력이 나타남으로 치료와 회복을 주십니다. 예수님은 부활의 첫 열매가 되심으로 영혼과 육체, 모두를 구원하는 복음을 완성하셨습니다. 신유(神癒)의 복음은 영혼과 육체를 모두 자유케 하는 능력입니다. 신유의 능력은 예수님께만 아니라 제자들과 모든 그리스도인들에게도 주어집니다. 신유의 능력으로 육체의 질병에서 자유를 얻은 경험을 나누어 봅시다.

(3) 가버나움을 떠나지 말 것을 간청하는 무리들의 요청을 예수님은 어떻게 거절하셨습니까(43절)? 예수님은 무엇을 하셨습니까(44절)?

예수님께서 성령의 기름부음으로 그리스도(기름부음 받은 자)가 되심은 자유케 하는 능력인 복음을 만천하에 전하기 위함입니다. 예수님은 복음 전파의 사명을 감당하셨습니다. 그리스도를 본받아 믿는 자들은 영육 간에 자유케 하는 복음의 능력을 만천하에 전해야 합니다. 일상 속에서 전도의 사명을 어떻게 감당하고 있는지 나누어 봅시다.

말씀 다지기 |

진리의 복음은 자유케 하는 능력이 있습니다(요한복음 8:32, 진리를 알지니 진리가 너희를 자유롭게 하리라). 예수님은 가난한 자에게 복음을 전하심으로 영적, 육체적 억압으로부터 해방시켜 자유케 하시려 오셨습니다(18절). 이 복음 전할 사명을 감당하신 예수님을 따라 그리스도인은 복음 전파의 사명을 감당하는데 최선을 다해야 합니다. 영어사전에 mission이라는 단어를 보면 "선교"라는 뜻보다 "사명, 임무"라는 뜻이 우선합니다. 선교는 하나님께서 우리에게 주신 mission, 사명입니다.

찬양 | 200장 달고 오묘한 그 말씀 (통일 235장)

기도 | 전도의 사명을 감당하기 원하오니 주님 우리를 도와주소서.

| 나눔노트 |

11. 예수님을 만나 변화된 사람들

본문 읽기
누가복음 5:1-16절

본문 배경 |

갈릴리 호수는 바다(마 4:18)라고 불릴 정도로 커서 인접한 지역마다 부르는 이름도 다양합니다. 게네사렛은 갈릴리 호수의 또 다른 이름입니다(1절). 밤새 고기를 잡지 못한 가운데 배에서 나와 그물을 씻고 있는 어부들을 발견하신 예수님은 시몬 베드로의 배에 오르십니다(3절). 배를 육지에서 조금 떼기를 청하셨을 때 순종했던 베드로는 깊은 곳으로 가서 그물을 내려 고기를 잡으라는 말씀에도 순종합니다(3-5절). 상식을 뛰어넘는 결과를 보게 된 베드로는 예수님 앞에 엎드려 자신이 죄인임을 고백합니다(8절). 그리고는 야고보, 요한과 함께 모든 것을 버리고 예수님을 따랐습니다(11절).

예수님을 만난 나병환자는 병이 낫기를 간구했고(12절), 예수님은 그를 낫게 하셨습니다(13절). 예수님을 만난 사람들은 죄인에서 의인으로, 사망에서 생명으로, 억압되고 포로된 자에서 자유인으로 변화 되었습니다. 예수님을 만나 새 사람이 되었습니다. 다시 태어난 것입니다.

본문 관찰 및 나눔 |

(1) 밤 새 물고기를 못 잡고 허탈한 마음으로 그물을 씻으며 정리하고 있는 베테랑 어부들에게 더 깊은 곳으로 가서 그물을 내리라는 예수님의 조언은 따르기 쉽지 않은 말씀입니다. 예수님의 말씀에 시몬 베드로는 무어라 대답합니까(5절)? 말씀에 순종한 결과는 어떠했습니까(6절)? 놀란 베드로는 무어라 고백합니까(8절)?

말씀에 대한 순종을 어렵게 하는 요소들은 어떤 것인지, 또한 순종의 결과가 어떠했는지 서로의 경험을 나누어 봅시다. 중요한 것은 물고기가 많이 잡힌 것을 본 베드로의 반응입니다. 감사 인사를 할 줄 알았는데 엉뚱하게 자신이 죄인이라고, 자신을 떠나달라고 고백합니다. 이유가 무엇인지 서로의 의견을 나누어 봅시다.

(2) 예수님은 베드로와 그 동료들에게 이제 후로는 사람을 취하리라 하셨습니다(10절). 이에 베드로와 동료들은 어떻게 반응했나요(11절)?

이들은 첫 번째로 부름 받은 제자가 되었습니다. 어부에서 제자로, 고기를 잡는 일에서 사람을 취하는 제자의 삶이 시작되었습니다. 이들은 새롭게 변화되었습니다. 예수님을 따라 복음을 전하여 영혼을 구원하는 일에 부름받은 것입니다. 예수님의 부름에 어떻게 반응하고 있는지, 어떻게 전도하는지 서로 나누어 봅시다.

(3) 예수님은 나병환자를 고치셨습니다. 그리고 어떻게 하라고 하셨습니까(14절)? 왜 이렇게 말씀하셨을까요(레 14:1-20)?

나병환자들은 사회로부터 완벽하게 격리 당했습니다(레 13:46). 제사장으로부터 완치 판정을 받아야만 정결의식을 행한 후 사회의 일원으로 합류할 수 있었습니다. 나병이 치료되었다는 것은 그의 삶이 완전히 변화되었다는 것을 의미합니다. 단순히 질병만 고침 받은 것이 아니라 억눌린 그의 삶에 자유를 주시고 그의 가정과 삶에 회복을 주신 것입니다. 주님의 은혜로 변화된 삶에 대하여 서로 나누어 봅시다.

말씀 다지기 |

하나님을 인격적으로 만나면 한결같은 반응을 보입니다. 자신이 죄인임을 깨달아 죄를 고백하게 됩니다. 거룩하신 하나님을 죄인이 만났으니 죽게 될 것이라 두려워 합니다. 이사야가 그랬고(사 6:1-8), 나다나엘(요 1:49), 십자가의 한 강도(눅 23:41-42), 기드온(삿 6:22), 야곱(창 32:20)이 그랬습니다. 베드로는 예수님을 제대로, 인격적으로 만났습니다. 예수님을 제대로 알게 되었습니다. 이렇듯 새롭게 변화됩니다.

찬양 | 436장 나 이제 주님의 새 생명 얻은 몸 (통일 493장)

기도 | 변화된 삶, 성결한 삶을 살기 원하오니 주님
우리에게 큰 믿음을 더해 주소서.

| 나눔노트 |

12. 복음으로 열린 새 시대

본문 읽기
누가복음 5:17-39절

본문 배경 |

한 중풍병자를 사람들이 침상에 메고 와서는 예수님을 만나려 했지만 사람들이 너무 많아서 만날 수가 없었습니다(18절). 이들은 지붕에 올라가서 기와를 벗기고 병자를 침상째 매달아 예수님 앞에 내려놓았습니다(19절). 이들의 행동에서 믿음을 보신 예수님은 죄사함을 선언하셨습니다(20절). 죄사함은 오직 하나님만 하실 수 있는 일입니다. 이에 종교지도자들이 신성모독이라며 분노했습니다(21절). 예수님은 육체의 질병만을 고치는 분이 아닌 우리의 죄를 사하러 오신 구원자이시며 하나님이시라는 것을 알게 하려고 그에게 죄사함을 선포하셨습니다.

예수님은 그곳을 벗어나 세관에 앉아 있는 세리 레위를 부르셨고, 첫 제자들이 그랬던 것처럼 레위는 모든 것을 버리고 예수님을 따릅니다

(27-28절). 당시 세리는 죄인으로 취급받았습니다. 그래서 사람들은 세리 레위의 잔치에 참여하신 예수님을 비난했고 이에 예수님은 죄인을 불러 회개시키러 오셨다고 선언하십니다(30-32절). 그리고 이제 율법의 시대를 지나 복음의 새 시대가 열렸음을 선포하십니다(38절).

본문 관찰 및 나눔 |

(1) 지붕을 뚫고 내린 중풍병자의 모습을 보신 예수님은 죄사함을 선포하셨습니다. 무엇을 보고 죄사함을 말씀하셨습니까(20절)?

중풍병자 일행의 행동에서 예수님은 믿음을 보셨습니다. 이들은 무슨 믿음이 있었던 것일까요? 죄사함의 선포가 왜 종교지도자들을 분노케 했을까요(시 130:4, 사 1:18)?

(2) 레위를 부르신 예수님께서 종교지도자들에게 비난 받은 이유는 무엇입니까(30절)? 예수님의 답변은 무엇입니까(31-32절)?

예수님의 이 선언은 율법의 시대가 끝나고 은혜의 시대, 복음의 새 시대가 열렸음을 선포하는 말씀입니다. 예수님의 이 선언은 약하고 소외된 자들에게는 기쁜 소식입니다. 예수님은 가난한 자에게 복음을 전하러 오셨고, 죄인의 친구로 오셨습니다. 그리스도인들은 예수님을 본받아 소외되고 약하고 가난하고 어려운 이웃의 친구가 되어 주는 것이 마땅합니다. 이웃을 구원하기 위하여 복음을 전하는 것은 물론 어떻게 실질적인 도움을 주는 친구가 될 수 있는지 서로 나누어 봅시다.

(3) "새 포도주는 새 부대에 넣어야 할 것이니라"(38절)는 말씀이 의미하는 것은 무엇일까요?

복음으로 우리는 새 사람이 되었습니다. 새로운 변화가 생겼습니다. 죄인이 의인이 되었습니다. 사망에서 생명으로 옮겼습니다. 그래서 이것을 기쁜 소식, 복음이라고 합니다. 새로운 시대가 열렸고, 새로운 변화가 생겨났으니 그리스도의 삶은 새로워져야 합니다. 예수님을 믿고 어떤 변화가 생겼는지, 또 어떻게 살아갈 것인지 서로 나누어 봅시다.

말씀 다지기 |

하나님은 거룩한 분이십니다. 하나님을 만나기 위해서는 죄인에서 의인으로 변화되어야 합니다. 작은 죄 하나도 용납되지 않습니다. 죄인은 절대로 하나님께 가까이 나아갈 수 없습니다. 로마서 3장 10절에서 "의인이 없나니 하나도 없다"고 말씀하십니다. 우리의 노력과 행함으로 죄를 없앨 수 없습니다. 오직 믿음으로만 죄사함을 받을 수 있습니다(롬 1:17, 3:28). 이것이 우리를 구원하는 복음입니다. 복음으로 새 시대가 시작된 것입니다.

찬양 | 287장 예수 앞에 나오면 (통일 205장)

기도 | 복음으로 새 시대가 열렸음을 전파하겠습니다.

복음의 능력을 더하소서.

| 나눔노트 |

13. 안식일의 주인 예수님

본문 읽기
누가복음 6:1–19절

본문 배경 |

유대인들에게 안식일은 성전, 할례와 함께 그들의 삶과 정체성을 규정하는 중요한 요소였습니다. 그런데 예수님은 의도적으로 안식일의 참된 의미를 가르쳐 주시기 위하여 바리새인들이 위법이라고 여기는 일들을 하십니다. 이에 바리새인들은 예수를 어떻게 할까 의논합니다. 이후 예수님은 많은 사람 중에서 12명을 특별히 불러 사도로 임명합니다. 예수님과 사도들이 산에서 내려오자 말씀을 듣고 치료를 받으려는 많은 백성이 예수님께 나옵니다. 이렇듯 오늘 본문에서는 예수님을 대적하는 사람들과 예수님을 따르는 사람들이 대조적으로 등장합니다.

본문 관찰 및 나눔 |

(1) 안식일에 밀밭 사이로 지나가던 제자들에게 어떤 일이 일어납니까(1-2절)? 이에 대해 예수님은 어떤 대답을 하십니까(3-5절)?

바리새인들은 자신들이 지켜야 할 안식일 규범에 몰두하고 있습니다. 그러다 보니 배고픈 제자들이 이삭을 잘라 손으로 비빈 것을 수확 및 타작 행동으로 간주하여 비난합니다. 반면 예수님은 다윗 일행의 이야기를 통해 제자들을 변호합니다. 우리도 바리새인들처럼 자신의 원칙만 고수하면 남의 행동을 쉽게 정죄할 수 있습니다. 나에게 이러한 경험이 있다면 나누어 봅시다.

(2) 회당에 있던 오른손 마른 사람을 예수님은 어떻게 고쳐주십니까(8-10절)? 이것을 통해 예수님이 가르치시고자 했던 안식일의 의미는 무엇일까요(9절)?

우리가 주일에 선을 행하고 생명을 구하기 위해서 할 수 있는 일에는 무엇이 있을까요? 실천할 수 있는 것들을 이야기해 봅시다.

(3) 예수님은 어떤 과정을 거쳐서 12명의 사도를 택하십니까(13절)? 12사도의 이름을 말해 봅시다. 이 중에 당신에게 익숙한 사람은 누구입니까(14-16절)?

12명의 사도를 선택하시고 제자를 부르신 예수님께서는 오늘도 우리들을 그분의 제자로 부르시며 특별한 사명을 주십니다. 나는 언제 예수님의 제자가 되었습니까? 예수님이 나에게 주신 특별한 사명이 있다면 나누어 봅시다.

말씀 다지기 |

6일 동안 창조사역을 마치시고 7일째 안식하신 하나님께서는 안식일 준수를 명령하심으로(출 20:8-11) 안식일의 주인이 되셨습니다. 그러다 보니 율법 실천을 강조한 바리새인들은 '일하지 말라'를 39가지로 세분화하여 지키면서 자긍심과 우월감에 빠졌습니다. 그러나 예수님은 그런 문자적 준수보다 안식일에 사람들이 허기진 배를 채우고 치료 받는 것을 더 가치 있게 보셨습니다. 이것은 안식일 위배가 아니라 안식일의 참된 의미를 살리는 것이며 율법을 완성하는 것이었습니다. 이것이 예수님이 "인자가 안식일의 주인이다(5절)"라고 말씀하신 이유입니다.

예수님은 의도적으로 12명의 사도를 선택하십니다. 12라는 숫자는 구약의 이스라엘 백성을 구성하는 12지파를 연상하게 합니다. 12사도는 예수님으로 인해 만들어지는 새로운 하나님 나라에 대한 비전입니다. 하나님은 12사도와 예수님을 따르는 제자들을 통해 새로운 하나님 나라를 세우십니다. 이 새로운 하나님 나라의 백성이 새 인류이며, 예수님의 제자인 우리는 새 인류에 속하여 새로운 하나님 나라를 세워가는 자입니다.

찬양 | 96장 예수님은 누구신가 (통일 94장)

기도 | 안식일의 주인이신 예수님을 따르는 제자가 되게
하소서.

| 나눔노트 |

14. 하나님 나라의 제자도

본문 읽기
누가복음 6:20-49절

본문 배경 |

마태복음의 산상설교(마 5-7장)에 비해 누가복음의 평지설교는 길이가 짧지만 깊은 의미를 담고 있습니다. 특히 예수님의 제자로서 가져야 할 태도가 잘 나타나는데 다음과 같은 내용을 담고 있습니다. 첫째, 네 가지 복에 해당하는 모습을 가져야 합니다(20-26절). 둘째, 원수를 사랑하고 선대하는 자세가 있어야 합니다(27-38절). 셋째, 남이 아니라 자신을 먼저 살펴서 그 마음에서부터 아름다운 열매를 맺어야 합니다(37-45절). 마지막으로, 예수님은 비유를 통하여 단지 말씀을 듣는 것이 아니라 행하는 것의 중요성을 강조하십니다(46-49절).

본문 관찰 및 나눔 |

(1) 예수님은 4가지 복과 4가지 화를 말씀하십니다. 어떤 사람이 복된 사람입니까(20-23절)? 반대로 어떤 사람에게 화가 있습니까(24-26절)? 특별히 여기서 가난하다는 것은 무슨 의미일까요(20절)? 가난한 자의 특징을 생각해 보면서 주린 자와 우는 자의 의미도 생각해 봅시다.

예수님은 가난 그 자체를 복이라고 말하는 것이 아니라 가난으로 인해서 생기게 되는 유익에 초점을 맞추고 있습니다. 그것은 마음의 가난이요, 세상에 소망을 두지 않고 예수님께 소망을 두며 예수님을 따르는 삶입니다. 지금 나의 마음은 가난한지 나누어 봅시다.

(2) 현대를 살아가는 우리에게 충격을 줄 만한 내용이 27절부터 38절까지 나옵니다. 이 중에서 원수, 대접, 사랑에 대해서 무엇이라고 말하는지 찾아봅시다(27, 31, 32절).

이 부분의 요약이 35절에 세 가지 모습으로 나오며 이것은 다시 36절에서 한 가지 단어 '자비'로 나타납니다. 지금 나와 관계가 불편한 사람들, 나를 힘들게 하는 사람들은 누구인가요? 이 말씀으로 그들을 대한다면 나는 어떻게 달라질 수 있나요?

(3) 왜 어떤 사람은 자신의 눈 속에 들보가 있으면서 남의 눈 속에 있는 티를 빼려고 할까요(42절)? 그 사람의 마음은 어떠한가요(45절)?

열매를 보고 나무를 알듯이 나의 행동을 보고 내 마음이 어떠한지를 알게 됩니다. 그러므로 우리는 우리 마음을 먼저 살펴보아야 합니다. 나의 마음 중에서 지금 시급하게 빼내야 할 들보와 같은 것이 있다면 무엇인지 이야기해 봅시다.

말씀 다지기 |

주님의 제자는 먼저 삶의 근원과 자원이 나에게 있지 않음을 인정하는 가난한 자가 되어야 합니다. 그 마음이 제자도의 출발입니다. 또한 예수님 때문에 미움과 욕을 받을 때 구약 시대에 하나님의 말씀을 전하느라 핍박과 곤욕을 당했던 선지자들을 생각하며 긍지를 가져야 합니다.

예수님께서는 '너희를 사랑하는 자만을 사랑하면', '너희를 선대하는 자만을 선대하면', '너희가 받기를 바라고 사람들에게 꾸어주면' 그것은 죄인도 할 수 있는 태도라고 하시며 급진적인 명령을 하십니다. 바로 원수를 사랑하라는 것입니다. "아무것도 바라지 말고 꾸어주라"고 하십니다. 이것은 원금을 되돌려 받을 것을 생각지 말고 빌려주라는 것입니다.

산상설교와 마찬가지로 누가복음의 평지설교도 그 마지막에 말씀을 듣고 행하는 것을 강조합니다. '제자의 행함과 순종의 인생은 탁류(마태복음의 창수와 동일한 헬라어)에도 요동하지 않지만 반대의 경우에는 완전히 파괴된다'는 주님의 말씀을 엄중하게 들어야 합니다.

찬양 | 204장 주의 말씀 듣고서 (통일 379장)

기도 | 예수님의 제자의 길을 걸어가게 하소서.

| 나눔노트 |

15. 신유를 통해 나타난 그 선지자의 증거

본문 읽기
누가복음 7:1-23절

본문 배경 |

오늘 본문에는 세 개의 서로 다른 이야기가 연관성 있게 나옵니다. 먼저, 가버나움의 백부장 이야기입니다. 그는 예수님께 자기의 종의 치료를 부탁하는데 "말씀으로만 하인을 낫게 하소서"라고 이야기합니다. 예수님은 그의 믿음에 놀라고 하인은 치료가 됩니다. 다음, 나인성에서 과부의 죽은 아들을 예수님이 살리시는 이야기가 나옵니다. 마지막으로 나오는 세례 요한은 제자 둘을 예수님께 보내어 "오실 그이가 당신입니까?"라고 질문합니다.

본문 관찰 및 나눔 |

(1) 예수님 당시의 로마인들은 자신들의 종에게 함부로, 가혹하게 대하기로 유명했습니다. 그런데 어찌된 일인지 본문에 나오는 로마 백부장은 좀 달랐던 것 같습니다. 그의 됨됨이를 본문에서 찾아봅시다(2-7절).

백부장이 종에게 보인 태도는 예수님께 보인 믿음과 함께 신유를 가져오는 매우 중요한 요소가 됩니다. 내가 만나는 사람들에 대한 나의 태도를 생각해 보며 내가 바꾸어야 할 부분이 있다면 나누어 봅시다.

(2) 나인성 근처에서 두 개의 큰 행렬이 만납니다. 이때 어떤 사건이 발생합니까(13-15절)? 여기에서 알 수 있는 예수님은 어떤 분이십니까(16절)?

예수님은 아들을 잃어 절망하고 있는 과부의 죽은 아들을 살려주심으로 그 여인을 돌보아 주십니다(16절). 마찬가지로 예수님은 지금도 우리들을 돌보십니다. 예수님이 나를 돌보신 경험을 서로 이야기해 봅시다.

(3) 감옥에 있던 세례 요한의 질문은 무엇입니까(18절)? 왜 그런 질문을 했을까요? 이에 대한 예수님의 행동과 대답은 무엇입니까(21-23절)?

위대한 세례 요한이었지만 감옥 안에서 흔들리는 모습을 보여줍니다. 자신이 생각한 예수님과 실제 예수님의 사역이 달랐기 때문입니다. 우리도 주님을 따르면서 기대했던 결과가 나타나지 않을 때 마음이 어려워지기도 합니다. 그런 경우가 있었다면 나누어 봅시다.

말씀 다지기 |

오늘 본문의 백부장은 사도행전 10장에 나오는 고넬료를 떠올리게 합니다. 백부장인 고넬료는 믿음으로 교회에 처음 유입된 이방인입니다. 두 백부장을 통해 성경은 하나님은 사람을 외모로 보시지 않으며, 믿음을 통해서 일하심을 보여줍니다.

나인은 수넴이라는 곳에서 아주 가까운데 이 수넴에서 엘리사는 어느 여인의 죽은 아들을 살립니다(왕하 4:32-37). 구약의 이 사건을 잘 알고 있었던 나인성 사람들은 예수님이 하신 일을 보고 두려워하며 하나님께 영광을 돌립니다. 그때 그들이 한 말은 하나님의 돌보심과 구원자 메시아의 출현과 관련이 있습니다(눅 1:68-69).

감옥에 있던 세례 요한은 자신이 선포한 예수님(심판하시는 예수님, 눅 3:17)과는 달리 기적을 일으키고 실제 예수님이 심판의 대상이 되는 죄인들을 가까이하자 혼란을 느낍니다. 그래서 제자 둘을 예수님께 보내고 예수님은 그 제자들에게 이사야 35장 5-6절에 나오는 내용들을 행동으로 보여주십니다. 그것은 장차 메시아를 통해 이루어질 일들인데 예수님이 바로 세례 요한이 기다리던 메시아라는 의미입니다. 우리는 어떤 상황에서도 예언의 성취이며 진리이신 예수님을 바로 알고,

그분의 제자로 실족하지 아니하며 따라가야 합니다.

찬양 | 93장 예수는 나의 힘이요 (통일 93장)

기도 | 예수님을 온전히 신뢰하며 나가는 신앙이 되게 하소서.

| 나눔노트 |

16. 새 시대 새 기준

본문 읽기
누가복음 7:24-50절

본문 배경 |

세례 요한의 제자들이 떠난 후 예수님은 무리에게 요한이 어떤 사람인지 설명하십니다. 예수님이 한 인물에 대해서 자세하게 평가하시는 유일할 장면입니다. 그리고 세례 요한과 예수님의 사역에 반응하지 못하는 바리새인과 율법사들의 잘못을 지적하십니다. 한편 어떤 바리새인이 예수님을 집으로 초대하여 식사할 때 예수님 발에 눈물을 흘리며 향유를 붓는 여인이 등장합니다.

본문 관찰 및 나눔 |

(1) 예수님은 세례 요한이 선지자보다 훌륭한 자라고 합니다.

그 이유는 무엇입니까(27-28절a)? 그럼에도 왜 하나님 나라에서는 지극히 작은 자가 요한보다 클까요(28절b)?

세례 요한이 구약의 모든 선지자와 인물들보다 큰 이유는 예수님을 통한 새 시대를 여는데 결정적인 역할을 하였기 때문입니다. 그러나 하나님의 나라에서는 극히 작은 자라도 세례 요한보다 큽니다. 복음이 새 기준이 되어 예수님 안에 들어온 새 인류를 위대하게 만들기 때문입니다. 복음 안에 있는 우리는 예수님 때문에 크고 위대하게 되었습니다. 이는 놀라운 사실입니다. 나는 언제 복음과 그 복음을 믿게 된 나로 인해 감격하게 되었나요?

(2) 세례 요한의 세례를 받아들이지 않은 사람은 어떤 사람들입니까(30절)? 예수님은 영적 장단을 맞추지 못하는 사람들의 무지와 무반응의 태도를 어떻게 이야기하십니까(31-34절)?

예수님은 세례 요한과 예수님의 사역을 구분하지 못하고 제대로 반응하지 못하는 바리새인과 율법 교사들의 잘못을 지적하십니다. 신앙생활에서 바르게 반응하는 것은 아주 중요합니다. 요즘 나는 어떻게 반응하고 있습니까?

(3) 식사하고 계시던 예수님께 죄인인 여자가 한 일은 무엇입니까(38절)? 반면 식사에 초대한 시몬은 예수님을 어떻게 대우해 드렸습니까(44-46절)? 이 여인을 향한 예수님의 축복의 말씀은

무엇입니까(48,50절)?

동네의 유명한 죄인이었던 이 여인은 전에 예수님께 용서를 받았고, 이것이 너무나 감사해 여자의 자존심을 내려놓고 종보다도 더 낮아진 모습으로 예수님을 섬깁니다. 예수님께 감사와 사랑을 표현하는 이 여인을 보면서 나는 요즘에 어떻게 주님께 감사와 사랑을 표현하고 있는지 뒤돌아봅시다.

말씀 다지기 |

예수님은 세례 요한과 구약의 선지자들의 외적 능력을 비교하여 요한이 훌륭하다고 하는 것이 아닙니다. 세례 요한의 위대함은 도래한 하나님 나라의 실체인 예수님 바로 앞서서 그 길을 잘 준비한 데 있습니다. 그는 예수님을 통하여 임하는 새 시대를 여는 데 결정적인 역할을 하였습니다. 그러나 요한은 실제 예수님 이후에 일어날 복음 시대는 경험하지 못했습니다. 그러므로 예수님 이후에 예수님의 죽음과 부활, 승천, 성령의 임함, 증인의 삶을 경험하는 우리는 요한보다 더 큰 자들입니다. 베드로는 이 놀라운 진리를 천사들까지도 알기 원한다고 합니다(벧전 1:12).

예수님을 집에 초대한 시몬은 언뜻 보기에는 훌륭한 바리새인 같지만 사실 그렇지 않습니다. 그는 예수님께 보통의 손님 대접도 하지 않았으며(44-46절), 예수님을 판단하기도 합니다(39절). 반면 드러난 죄인인 이 여인은 자신의 눈물로 예수님의 발을 적시고 머리카락으로 닦으며 계속해서 입을 맞추고 향유까지 붓습니다. 그녀는 용서받은 죄인이었고, 시몬은 스스로 의롭다고 생각하는 죄인이었습니다. 예수님께 대한 우리의 태도는 그분의 용서와 은혜와 사랑을 내가 얼마나 경험했느냐에 의해서 결정됩니다.

찬양 | 213장 나의 생명 드리니 (통일 348장)

기도 | 새 시대 새 기준인 예수님을 감사와 사랑으로 예배하게 하소서.

| 나눔노트 |

17. 하나님 나라의 복음

본문 읽기
누가복음 8:1-25절

본문 배경 |

예수님은 이 땅에 하나님 나라를 선포하시며 복음을 전하셨습니다. 지금 복음이 전파되어지는 그곳에는 주님과 함께 하는 사람들이 있습니다. 부름 받은 제자와 신유의 은혜를 경험한 막달라인 마리아, 그리고 주님을 따르는 여인들입니다. 주님과 동행하는 그들은 자신의 소유를 헌신함으로 하나님 나라를 위한 헌신의 삶으로 동행합니다.

예수님께 속하여 있는 사람들은 하나님의 말씀을 듣고 깨닫는 것을 요구받습니다. 예수님은 비유로 말씀하시며 좋은 땅의 씨는 착하고 좋은 마음으로 듣고 지키어 인내로 결실하는 것으로 말씀하십니다. 주님을 위한 섬김의 삶과 결실의 삶은 순종하며 열매 맺는 삶임을 기억해야 합니다. 하나님의 나라를 위한 성도들의 마땅한 삶임을 기억하여 실천하며 살아가야 할 것입니다.

본문 관찰 및 나눔 |

(1) 예수님의 복음 전파는 어느 곳으로 향하셨나요?

특정한 곳으로 제한 하지 않으시고 성과 마을에 두루 다니며 하나님 나라를 선포하고 복음을 전하셨습니다(1절). “두루”라는 말은 ‘빠짐없이 골고루’의 의미를 가집니다. 잃어버린자를 찾으시며 하나님나라를 전하시는 예수님의 복음의 발걸음은 오늘 여기에까지 이르렀습니다. 예수님처럼 나도 복음을 전해야 하는 곳과 대상은 누구인지 나누어 봅니다.

(2) 하나님 나라를 위해 헌신하였던 사람들은 누구입니까?

예수님을 믿고 질병을 고침 받으며 귀신에서 자유를 얻었으며 예수님을 믿었던 믿음의 사람들입니다(2-3절). 치료 받고 자유케 된 삶에서 요구되어지는 것은 예수님을 위한 섬김의 삶입니다. 헌신의 삶으로 나아가야 합니다. 지금 예수님을 위하여 헌신하는 나의 모습이 무엇입니까?

(3) 예수님은 하나님 나라의 비유를 말씀하십니다(4-8절).

첫 번째 길가에 떨어져 밟히며 새들이 먹어버렸습니다. 이는 말씀을 들었어도 믿어 구원을 얻지 못하게 하려고 마귀가 마음에서 빼앗은 것입니다. 두 번째 바위에 떨어져 싹이 났다가 말랐습니다. 이는 말씀의 씨에 뿌리가 나서 믿음의 생활을 시작하였으나 믿음으로 인한 시련 당할 때 견디지 못해 배반하여 떠난 것을 말합니다. 세 번째 가시떨기 속에 떨어진 것은 믿음의 생활을 하다가 가시가 함께 자라 기운을 막았다 하였습니다. 그 가시는 믿음 위에 세상의 염려와 재물과 향락에 영향을 받아 말씀을 잃어버렸기 때문이라고 하셨습니다. 그러면 좋은 땅에 있다는 것은 어떤 모습인지 나누어 봅시다.

말씀 다지기 |

예수님께서 선포하셨던 하나님 나라는 그 나라에 속한 우리가 세상을 향해 전해야 합니다. 은혜를 받으면 받은 대로, 감사함으로 자신의 삶을 헌신하여 우리의 삶이 하나님 나라의 증거자 된 삶이어야 합니다. 하나님 나라의 백성들은 삶에서 복음을 전하며 구원 받는 하나님의 백성들이 많아지도록 힘써야 합니다.

예수님의 씨 뿌리는 비유는 성도가 결실하기 위해서는 말씀을 빼앗기지 않도록 지켜야 하고, 믿음의 뿌리를 내리고, 하나님 나라를 세상 것 때문에 잃지 않아야 함을 말씀하고 있습니다. 지금도 나의 삶에서 말씀을 놓치는 일이 무엇인지 살펴보아야 합니다. 지식으로만 말씀을 아는 것이 아니라 순종하며 말씀과 일치하는 삶을 살아가야 합니다. 그러한 삶이 지속되어질 때 좋은 땅으로 결실을 얻게 됩니다. 좋은 땅은 착하고 좋은 마음입니다. 열매를 얻기 위한 착하고 좋은 마음으로 말씀을 믿음으로 받아야 합니다. 들은 것을 인내함으로 지켜야 결실한다고 말씀하십니다.

찬 양 | 433장 귀하신 주여 날 붙드사 (통일490장)

기 도 | 주님 나라를 위한 일꾼으로 좋은 열매 맺는 삶이 되게 하소서.

| 나눔노트 |

18. 신유와 구원

본문 읽기
누가복음 8:26-56절

본문 배경 |

본문은 사람들이 가장 많이 위협 받는 질병 문제에 대한 해답을 경쾌하게 보여주고 있습니다. 귀신 들린 사람, 혈루증의 사람, 죽은 사람을 살리는 신유의 현장을 생생히 중계합니다. 이 육체적 신유는 영혼의 구원과 밀접한 관계가 있음을 누가는 설명합니다.

성경학자들은 '거라사 지역이 우상숭배의 재물로 사용하기 위해 많은 돼지를 방목한다.' 말합니다. 지역에는 이를 위한 생업에 종사하는 사람들이 많았습니다. 이곳 거라사에서 예수님은 귀신들린 한 사람을 귀신으로부터 자유롭게 하셨습니다(35절). 그리고 그 귀신은 돼지 떼에게로 보내졌고, 돼지들은 물에 빠져 몰살합니다.

예수님의 신유 사역의 발걸음은 멈추지 않습니다. 회당장인 야이로의 딸을 고치시기 위해 가시는 도중 12년 동안 혈루증으로 고통 받던 여인의 믿음에 의해 고침 받는 사건을 봅니다. 이 여인은 육체의 고침과 함께 구원을 얻습니다. 그리고 늦게 도착한 회당장의 집에서 이미 죽은 여자 아이를 살려 주십니다.

본문 관찰 및 나눔 |

(1) 예수님은 귀신들린 사람을 어떻게 치료해 주십니까? 그리고 귀신을 어떻게 처리하셨습니까(27-33절)?

예수님이 이 지역에 도착하면서 귀신들린 자를 만납니다. 이 사람은 예수님을 보고 '당신이 나와 무슨 상관이냐'고 '나를 괴롭게 하지 말라'고 요청합니다. 이것은 사람이 한 말이 아니다. 귀신이 한 말입니다. 귀신 들린 것과 정신병의 차이에 대해 생각을 나누어 봅시다.

(2) 12년 동안 혈루증으로 앓던 여인의 행동을 살피고 예수님이 무엇 때문에 구원 선포를 하셨는지 살펴봅시다(43-48절).

때때로 우리 신앙인들은 하나님의 신유를 믿으면서도 하나님 보다 의술을 더 신뢰할 때가 많습니다. 의술도 하나님께서 허락하신 것이라는 보편적인 말을 하면서 말입니다. 그러나 분명히 알아야 할 것이 있습니다. 신유의 체험은 의술을 기대지 않는 다는 사실입니다. 신유는 믿음을 통해서 경험할 수 있습니다. 신유와 의술 사이에서 나는 어떤 결정을 할 것인지에 대해 서로 생각을 나누어 봅시다.

(3) 예수님께서 지체하시는 사이에 야이로의 딸이 죽었습니다. 죽은 사람에 대한 사람들의 생각과 예수님의 생각의 차이는 무엇일까요(49-56절)?

회당장의 집은 난리가 났습니다. 아이가 죽었기 때문입니다. 이 상황에서 예수님은 아이가 죽었다고 하지 않으십니다. 지금 "자고 있다"고 말씀하십니다. 사람들은 예수님을 비웃습니다. 그들이 예수님의 말씀에 왜 비웃었는지 우리는 잘 압니다. 그럼에도 예수님은 자고 있는 아이를 깨우셨습니다. '죽다'와 '자다'에 대한 생각을 함께 나누어 봅시다.

말씀 다지기 |

예수님은 '두려워하지 말고 믿기만 하라'(50절) 말씀하십니다. 사망진단에 대한 예수님의 반박이십니다. 귀신들린 자를 자유하게 하시고, 믿음으로 붙잡은 여인을 치료하신 분은 이제 사망의 선언을 뒤집으십니다. 본문은 믿음을 마법이나 무조건적인 치료의 도구로 기록 하지 않습니다. 예수 그리스도의 능력은 그것을 믿는 자에게 전혀 부족함이 없음을 강조합니다. 예수님이 나의 삶에 찾아오시면 귀신도, 병도, 죽음도 소멸됩니다. 이제 예수님의 신적 권능 앞에서 나에게 믿음의 삶을 요구합니다.

찬양 | 432장 큰 물결이 설레는 어둔 바다 (통일 462장)

기도 | 주의 능력과 권세로 우리의 두려움을 벗고 평안을
얻게 하소서.

| 나눔노트 |

19. 복음 전파의 위임: 제자들에게

본문 읽기
누가복음 9:1–27절

본문 배경 |

본문은 열 두 제자의 파송과 오병이어의 기적, 그리고 진정한 제자의 도에 대해 기록합니다. 예수님은 제자들에게 말씀 전파와 신유 사역을 일임하십니다. 사역 일임에는 그 사역을 감당할 수 있는 권위와 능력도 포함시키셨습니다. 제자들은 사역을 승리로 이끌었습니다.

예수님은 사역을 마친 제자들을 데리고 벳새다로 가십니다, 제자들은 자신들이 행한 일들을 보고하려 합니다. 그러나 많은 무리들이 예수님 알고 따라왔음으로 제자들은 더 이상 보고를 할 수 없었습니다. 예수님은 사람들의 문제를 해결해 주시면서 하나님 나라의 일을 가르치셨습니다. 시간이 흘러 날이 저물었고, 그들에게는 먹을 것이 필요했습니다. 아울러 기적의 현장이 필요했습니다.

예수님이 제자들에게 묻습니다, 예수님에 대한 사람들의 평가입니다. '세례 요한, 엘리야, 옛 선지자 중의 한 사람'으로 답변이 들립니다. 이에 예수님은 제자들에게 묻습니다. 너희들의 생각은 어떠하냐? 전도 사역에서 놀라운 것을 경험한 제자들, 광야에서의 오병이어 기적을 목도한 제자들입니다. 다른 제자들이 침묵하고 있을 때 베드로가 대답합니다. '하나님의 그리스도'이십니다.

세 단락으로 나뉘어 있지만 이 본문은 하나의 주제로 집중됩니다. '진정한 제자도를 통한 복음 전파 위임'입니다,

본문 관찰 및 나눔 |

(1) 예수님은 제자들을 파송하시면서 그들에게 무엇을 주셨고, 어떤 주의 사항을 말씀하셨나요(1-6절)?

권위와 능력은 위로부터 내려옵니다. 권위와 능력은 그것이 필요한 사람에게 주어집니다. 아울러 그것은 내 삶을 전적으로 하나님께 맡기며 신뢰하는 사람에게 주어집니다. 내게 그것이 왜 필요한지 나누어 봅시다.

(2) 일용할 양식은 내가 거두는 것이 아니라, 하나님께서 공급하심으로 채워집니다. 오병이어 현장을 통해 과연 그런지 생각해 봅시다(10-17절).

기적은 일어 날 수 없는 현상이 나타날 때 표현하는 말입니다. 어떻게 그런 일이 일어 날 수 있을까요? 때는 저녁입니다. 장소는 집과 멀리 떨어졌고 빈들입니다. 늦은 시간이라도 마을로 가야만 배고픔이 해결됩니다. 문제는 사람들의 숫자입니다. 남자가 오천 명이니 지금 시대에도 해결 불가능입니다. 기적 말고 대안이 있는지 나누어 봅시다.

(3) 진정 제자로서 예수님을 따르는 길은 무엇일까요? 베드로의 신앙고백과 복음 전파의 관계를 어떻게 연결 지을 수 있을까요 (18-27절)?

날마다 십자가를 진다는 것은 매일의 삶에서 자신을 부인하고 날마다 나의 사명을 위하여 살아가는 것을 의미합니다. 십자가는 세상 사람들에게는 수치스러운 죽음입니다. 예수님을 위하여 고난과 멸시 가운데 십자가를 지는 모습으로서의 복음 전파 사명의 위임에 대해 생각을 나누어 봅시다.

말씀 다지기 |

예수님은 하나님 나라를 전하셨습니다. 그리고 제자들과 함께 그 사역을 함께 행하십니다. 예수님은 복음전파를 위하여 제자들을 보내실 때 그들에게 필요한 능력을 주시며 기적을 경험하게 하심으로 믿음을 더하여 주십니다. 제자들에게 예수님은 능력과 권위를 주시며 그들의 사역에 완전한 공급을 약속하십니다. 오늘날 우리들의 사역에 대한 연약함은 공급하심에 대한 불안입니다. 오병이어는 이것에 대한 명쾌한 해답입니다. 베드로와 같은 신앙 고백으로 예수님의 제자답게, 생명 다하여 예수님을 온전히 따라가는 삶으로 결단해야 합니다.

찬양 | 96장 예수님은 누구신가 (통일 94장)

기도 | 말씀 속에 예수가 누구신지 바로 알고 고백하며 따르게 하소서.

| 나눔노트 |

20. 두 시대의 충돌

본문 읽기
누가복음 9:28-50절

본문 배경 |

예수님은 제자들을 데리고 기도하러 산에 오르셨고, 기도하실 때 용모가 변화되어 영광의 모습을 제자들에게 보이셨습니다. 모세와 엘리야가 예수님의 죽으실 것에 관하여 대화하셨습니다. 예수님의 행하실 구속의 역사가 임박했음을 알 수 있습니다. 예수님의 대속과 구속의 계획은 크고 놀라운 일이었습니다. 하나님도 제자들에게 '그의 말을 들으라' 하시니, 세상 죄 지고 가실 예수님의 사명이 다시 확고해지는 시간입니다.

예수님이 계신 산 위에서는 영광에 있었으나, 산 아래 남아있던 제자들은 몹시 난처한 상황을 맞이합니다. 제자들은 이미 귀신을 쫓는 능력을 예수님께 받았습니다. 그러나 지금은 믿음도 능력도 보이지 못하니, 제자들은 당황스러웠습니다. 예수님은 믿음 없는 세대에 대하여 탄식하시면서 귀신들린 아이를 고쳐주셨습니다. 이로써 예수님은 하늘과 땅의 주관자이심을 나타내 보여주셨습니다.

본문 관찰 및 나눔 |

(1) 예수님의 용모가 변화되시는 것은 무엇을 의미합니까(29절)?

예수님은 기도하기 위하여 산에 오르셨습니다. 기도하시던 그때에 예수님은 인간적인 외형의 모습을 초월하셔서 하나님의 아들로서의 영광의 모습을 갖추십니다. 예수님은 영광의 주님이시며 천지의 창조주이십니다. 영광 중에 나타난 모세와 엘리야, 그리고 예수님은 대화 나누십니다. 이것을 보고 초막 셋을 짓고자 하는 베드로의 생각에는 어떤 차이가 있는지 나누어 봅시다(31,33절).

(2) 제자들이 귀신들린 아이를 고치지 못한 원인은 무엇입니까?

예수님은 제자들에게 믿음 없는 것에 대해 책망하셨습니다(41절). 또한 귀신을 꾸짖어 쫓아 내심으로 아이를 고쳐주십니다. 제자들은 자신들이 할 수 없었던 이유에 관해 물었을 때 예수님은 무엇 때문이라 말씀하는지 이야기해 봅시다(마 17:18-20).

(3) 예수님께서 행하신 기적이 있음에도 사람들의 손에 넘겨지리라고 말씀하십니다(44절).

제자들은 이 말씀을 이해하지 못하고 오히려 두려워했습니다(45절). 하나님의 계획된 시간이 다가옵니다. 나를 구원하시기 위한 예수님의 고난의 시간이 다가옵니다. 넘겨지심은 사람들의 행위가 아니라 하나님의 계획이라는 것을 제자들은 이해하지 못합니다. 지금 당신의 삶이 누구의 계획에 의해 이루어지고 있는지 생각을 나누어 봅시다.

말씀 다지기 |

예수님은 가장 영광스러운 모습일 때 이 땅에서의 사명인 대속의 죽으심을 말씀하셨습니다. 십자가를 지심으로 인류 구원을 이루는 하나님의 시간이 다가 온 것입니다. 하나님의 영광이 있으나 죽음과 실패가 공존하는 시간들, 지금 살아가는 이 세상에서의 모습이 이와 같습니다. 제자들의 생각은 예수님의 생각을 이해할 수 도, 아는 것조차도 두려워했습니다. 그런 제자들은 귀신을 축출하는 것 또한 실패하였습니다. 이 실패는 놀라운 것입니다. 그러기에 이땅의 방문객이신 주님은 제자들 스스로의 사역의 능력과 영과의 부재를 안타까워 하셨습니다.

제자들은 예수님께서 자신의 죽음 말씀하셔도 '우리 중에 누가 큰 자인가'로 논쟁하고 있는 연약함이 있습니다. 예수님은 어린아이를 데려다가 가장 큰 자에 대해 말씀하십니다. 예수님은 일반적인 가치관을 넘어서 어린이 같은 낮은 자가 하나님 나라에서는 가장 큰 자임을 말씀하십니다. 약한 자를 멸시하는 것이 아니라 진지하게 받아들이고 우선권을 주는 배려가 있는 삶을 명하십니다.

찬 양 | 455장 주님의 마음을 본받는 자 (통일 507장)

기 도 | 주님의 마음을 가지고 세상을 볼 수 있게 하옵소서.

| 나눔노트 |

Ⅲ. 새 인류의 삶: 예수님과 동행 (9:51-19:27)

21. 예수님과 동행하겠다는 결심

본문 읽기
누가복음 9:51-62절

본문 배경 |

누가복음 9장에 예수님은 새 인류를 훈련하시기 위해 능력을 주시고 파송하십니다. 예수님은 자신의 마지막 때가 가까이 온 것을 아셨고 십자가를 져야 하는 사명을 감당하셔야 합니다. 거기에는 굳은 결심이 필요했습니다. 제자들이 믿음의 결심을 통해서 동행하기를 바라셨습니다.

본문 관찰 및 나눔 |

(1) 예수님은 하나님의 아들이시며, 하나님 자신이십니다.

예수님은 쉽지 않은 사명을 수행하시기 위해서 예루살렘으로 향하셨습니다. 51절을 통해서 무엇을 깨닫습니까?

십자가를 지기 위해서 예루살렘을 향해 올라가는 것은 굳은 결심이 필요한 일이었습니다(51절). 예수님의 사명은 십자가를 지는 일입니다. 예수님의 십자가 죽음은 하나님께서 바라셨던 일입니다. 예수님은 하나님의 마음을 아셨기 때문에 피하지 않으십니다. 우리가 예수님을 따르는 데도 결심이 필요합니다. 주님은 우리에게 결심을 요구하십니다. 당신이 예수님을 따르기 위하여 필요한 결심은 무엇인지 나누어 봅시다.

(2) 결심은 관심 있는 자들만이 할 수 있는 일입니다. 본문에 나오는 사마리아의 한 동네 사람들은 어떤 반응을 보였습니까(53절)?

사마리아의 한 마을입니다. 그 곳 사람들은 예수님 일행을 거절합니다. 그 이유는 예수님 일행이 예루살렘을 향하여 가고 있기 때문입니다. 사마리아인들은 그리심산에서 예배하는데 예수님의 일행은 예루살렘에서 예배하기 때문입니다. 자신들과 다르다는 이유로 거절합니다. 야고보와 요한이 사마리아인들의 태도에 분개하나, 예수님은 제자들을 데리고 조용히 다른 마을로 떠나십니다. 제자들은 모든 사람이 예수님을 믿겠다고 결심하는 것이 아님을 알아야 합니다. 예수님을 믿지 않겠다고 하는 사람들을 향한 우리의 마음은 어떠해야 할지 나누어 봅시다.

(3) 첫 번째 사람이 예수님께 나왔을 때, 예수님의 반응은 어떠했나요(57절)?

예수님을 따르겠다고 결심했다면 다른 것에 마음 두지 말아야 합니다. 57절에서 이 사람은 자진하여 예수님을 따르겠다고 굳게 결심했습니다.

그러나 예수님은 그 사람의 중심을 아셨습니다. 예수님은 "나를 따르는 길은 최소한의 것도 얻을 수 없는 길이야. 이 길을 가려면 결심이 필요해"라고 말씀하셨습니다. 예수님을 따르는 길이 자기희생과 헌신이 있어야 한다면 나는 어떤 희생과 헌신을 할 수 있을지 나누어 봅시다.

(4) 두 번째, 세 번째 사람을 향한 예수님의 반응은 어떠했나요 (59, 61절)?

예수님과 동행하기로 결심한 사람에게 중요한 것은 하나님 나라이어야 합니다. 두 번째 사람이 나옵니다(59절). 아버지 장례가 중요했습니다. 그러나 예수님을 따르는 제자는 하나님의 나라를 전파하는 것이 더 중요해야 합니다. 세 번째 사람을 향하여 "손에 쟁기를 잡고 뒤를 돌아보는 자는 하나님의 나라에 합당하지 아니하다(62절)"고 말씀하십니다. 새 인류가 되어 예수님을 따르고 싶지만, 여전히 세상을 사랑하는 마음이 있는 사람에게 하신 말씀입니다. 우리도 예수님을 따르기로 했으나 결심하지 못한 부분이 무엇인지 나누어 봅시다.

말씀 다지기 |

새 인류의 삶을 살기 위해서는 결심이 필요합니다. 예수님은 새 인류를 향해서 말씀하십니다. "나는 너를 위해 죽는다. 너는 나를 위해 세상의 모든 것을 포기할 수 있겠는가? 나는 너를 위해 죽는다. 너는 하나님 나라를 위해 아버지의 장례식도 포기할 수 있겠는가? 나는 너를 위해 죽는다. 너는 하나님 나라를 위해 뒤를 돌아보지 않을 수 있는가?" 우리의 작은 결심에 성령께서 역사하시면 우리도 멋진 제자가 될 수 있습니다.

찬양 | 449장 예수 따라가며 (통일 377장)

기도 | 예수님과 동행하겠다고 결심하는 믿음을 주소서.

| 나눔노트 |

22. 하나님 나라 위해 파송 받는 새 인류

본문 읽기
누가복음 10:1-24절

본문 배경 |

마지막을 사명을 향해 준비하시는 예수님은 제자들이 하나님 나라를 위해서 파송되기를 원하셨습니다. 파송 받은 새 인류는 전적으로 하나님을 신뢰하는 믿음으로 살기를 원하십니다.

본문 관찰 및 나눔 |

(1) 추수하는 상황에 대해서 성경은 무엇이라고 말씀하고 있습니까? 추수는 무엇이며, 주인과 일꾼은 각각 누구입니까(2절)?

하나님의 뜻을 실행하기 위해 예수님은 예루살렘으로 가십니다. 예수님은 사명의 마지막 때, 새 인류에게 바라는 것이 있었습니다. 예수님은 새 인류인 제자들이 하나님 나라의 추수를 위해서 파송된 일꾼이 되기를 바라셨습니다. 추수는 영혼을 구원하는 일입니다. 추수하는 일꾼은 복음을 전하는 새 인류를 말합니다. 추수하는 주인은 하나님을 말합니다. 일하는 새 인류의 기도 제목은 첫째 "하나님 아버지, 내가 추수하는 일꾼이 되게 하소서!", 둘째 "하나님 나라를 위해서 추수할 일꾼을 보내주소서!"입니다. 나는 하나님 나라의 사업을 위해 무슨 일에 파송 받았다고 생각하는지 나누어 봅시다.

(2) 추수할 일꾼들이 가야 할 곳의 상황을 성경은 어떻게 말하고 있습니까(3절)? 또한 일꾼들은 어떠한 마음으로 추수해야 한다고 기록하고 있습니까(4-5절)?

추수할 일꾼이 가야 할 곳의 상황에 대해서 예수님은 "갈지어다 내가 너희를 보냄이 어린 양을 이리 가운데로 보냄과 같도다"(3절)라고 말씀하십니다. 추수하는 제자들이 이 상황을 이겨내기 위해서는 하나님을 신뢰하는 믿음이 필요합니다. '전대', '배낭'을 가지지 말고, '신발'도 신은 것 외에는 허락하지 않습니다. 최소한의 것만 가져가라는 것입니다. 이 말의 의미는 철저한 여행 준비보다 하나님만 신뢰하는 믿음이 더 필요함을 말합니다. 하나님은 새 인류 된 일꾼에게 그들의 필요를 공급해 주십니다. 예수님은 제자들을 파송하면서 하나님만 신뢰하기를 바라셨습니다. 하나님의 일을 위해서 파송되었을 때 하나님께서 주신 능력에 대해서 나누어 봅시다.

(3) 추수하는 새 인류가 어디서든지 반드시 해야 하는 일이 있습니다.
성경은 이 일을 무엇이라고 합니까(9, 11절)?

일꾼의 관심은 오직 '하나님 나라를 선포'하는 것입니다. 새 인류는 어디서나 하나님 나라를 선포해야 합니다. 복음을 받아들이든, 받아들이지 않든 말입니다. 추수를 위해 파송 받은 자가 해야 할 일에 대해서 어떻게 생각하는지 나누어 봅시다.

(4) 예수님의 기도는 추수하는 일꾼들에게 큰 교훈을 줍니다.
예수님의 마음이 하나님의 마음입니다. 본문에 예수님은
무엇 때문에 기뻐하고 계십니까(21-24절)?

일꾼들의 사역 보고를 받으신 예수님은 하나님께 기도하기 시작하십니다. '예수님은 성령으로 기뻐시며'(21절)라고 말씀합니다. 예수님은 복음으로 인해서 사람들이 죄의 종노릇 할 필요가 없게 된 사실로 인해서 기뻐하셨습니다. 예수님의 가장 큰 기쁨은 영혼 구원입니다. 새 인류의 가장 큰 기쁨도 영혼 구원이어야 합니다. 나는 지금 무엇으로 말미암아 기뻐하고 있는지 나누어 봅시다.

말씀 다지기 |

예수님을 그리스도로 고백하는 새 인류는 하나님 나라를 위해 파송 받은 사람입니다. 하나님 나라를 위해서 일하는 일꾼입니다. 죄인들이 회개하는 것으로 기뻐하며, 영혼이 구원받는 것으로 기뻐하는 자가 하나님 나라를 위해서 파송 받은 하나님의 사람들입니다.

찬양 | 86장 내가 늘 의지하는 예수 (통일 86장)

기도 | 하나님을 신뢰하는 새 인류의 삶을 살게 하소서.

| 나눔노트 |

23. 말씀을 듣고 행하는 새 인류

본문 읽기
누가복음 10:25-42절

본문 배경 |

본문은 크게 두 이야기로 나뉘어 있습니다. 하나는 율법 교사와 예수님과의 대화 속에서 말씀을 알고 실행하는 것입니다(25-37절). 다른 하나는 마르다와 마리아 자매가 예수님을 영접하는 일에 대한 이야기입니다(38-42절). 그러나 이 두 이야기는 하나의 주제로 귀결됩니다. 하나님의 말씀에 듣고(알고) 그에 따르는 사람의 실행입니다.

율법 교사가 묻는 것은 실질적으로 몰라서 묻는 것이 아니라 예수님을 시험하기 위함입니다. “내가 무엇을 하여야 영생을 얻으리이까(25절)?” 이 질문에 그의 마음을 아시는 예수님은 율법을 준행 할 것을 말씀하시고, 이어서 이웃에 대한 가르침을 주십니다,

예수님은 베다니 나사로의 집을 방문하십니다. 언니 마르다는 예수님

을 대접하기에 분주하고, 동생 마리아는 언니가 그러든지 말든지 예수님이 가르치시는 말씀에 집중합니다. 둘 다 필요한 일을 하는 것은 맞습니다. 그러나 예수님은 무엇이 더 중요한지를 가르쳐 주십니다.

본문 관찰 및 나눔 |

(1) 율법 교사의 질문과 예수님의 답변을 생각해 봅시다(28절).

영생 문제를 질문하고, 율법 준수를 답하시는 가운데 율법 교사를 향한 예수님은 “네 대답이 옳도다 이를 행하라 그러면 살리라(28절)”고 말씀합니다. “행하라”, “행해야 산다.” 제자인 우리의 평생 기도 제목은 ‘하나님 말씀을 마음에 새기고, 그 말씀을 지키며 살게 하옵소서’가 되어야 합니다. 어떻게 해야 말씀을 듣고 지킬 수 있는지 나누어 봅시다.

율법교사가 ‘내 이웃이 누구’냐고 묻는 의도는 무엇일까요(29절)?

당시 유대인들은 이방인을 이웃이라고 여기지 않았습니다. 유대인은 이방인들에게 선을 베풀지 않습니다. 예수님은 이렇게 생각하는 율법교사에게 이웃에 대한 정의를 새롭게 하십니다. 여러분은 누가 나의 이웃이라고 생각하십니까?

(2) 강도 만난 사람에 대한 세 사람의 행동은 어떠합니까(31-32절)?

예루살렘에서 여리고 까지는 길이 험난하고 골짜기도 많아 강도가 자주 출몰합니다. 길가에 강도 만나 죽어가는 한 사람이 있습니다. 그곳을 제사장과 레위인이 지나갑니다. 그들은 쓰러져 있는 사람을 발견했고, 고민합니다. '갈까? 말까?' "부정한 것을 만지지 말라"는 하나님 말씀을 너무 잘 알아 결국 피해 가는 길을 선택합니다. 그들에게 하나님의 사랑을 찾을 수 없습니다. 앎과 행동의 차이가 무엇인지에 대해서 나누어 봅시다.

반면 한 사마리아인의 행동은 많은 것을 생각하게 합니다(33-37절). 누가는 사마리아 사람의 행동에 주목합니다. 그는 쓰러져 있는 사람을 보고 '불쌍히' 여겼습니다. 그는 업무가 바빴지만 먼저 쓰러진 사람을 자기 몸을 대하듯 돌보아 줍니다. 이것이 하나님을 사랑하고 이웃을 사랑하는 율법을 지키는 자의 마음입니다. 우리의 이웃은 누구이며, 나는 그 이웃을 위해 어떻게 행해야 하는지 나누어 봅시다.

(3) 마르다와 마리아의 이야기에서 마르다는 왜 분주했을까요 (38-42절)?

예수님은 "마르다야 많은 일로 염려하는구나. 마르다야 많은 일로 근심하는구나. 그러나 나를 대접하느라 분주한 것보다는 내 말씀을 듣는 것이 더 중요하지 않겠니(41절)?"라고 말씀하십니다.

말씀 다지기 |

율법을 행함은 중요합니다. 그러나 그것이 믿음보다 위에 있을 수는 없습니다. 믿음이 있는 자는 행동이 자연스럽게 따라오게 되어 있습니다. 믿음은 있는데 행함이 없다는 것은 곧 믿음이 없음을 스스로 고백하는 것입니다. 내가 주 안에서 잘 사는 방법은 성경 말씀을 잘 듣고 삶에서 그대로 나타내는 것임을 명심해야 합니다.

찬양 | 430장 주와 같이 길 가는 것 (통일 456장)

기도 | 말씀을 듣고 행하는 새 인류의 삶을 살게 하소서.

| 나눔노트 |

24. 기도로 능력 얻는 새 인류

본문 읽기
누가복음 11:1-26절

본문 배경 |

11장은 기도에 대한 교훈입니다. 예수님은 제자들에게 기도를 가르쳐 주십니다(1-4절). 이어서 기도하는 사람의 태도가 어떠해야 하는지를 말씀하십니다(5-8절). 기도하는 사람은 간절해야 합니다. 간절히 기도하면 응답하십니다(9-13절).

예수님은 말 못하게 하는 귀신 들린 자를 고치십니다(14-23절). 기도하면 하나님의 능력을 힘입을 수 있습니다. 이어지는 말씀인 24-26절은 은혜를 경험했으나 죄에서 돌이키지 않은 사람에 대한 말씀입니다. 11장은 기도의 방법과 태도, 기도하는 자에게 임하는 능력, 그리고 회개했으나 변화되지 못한 사람의 안타까운 이야기를 기록하고 있습니다.

본문 관찰 및 나눔 |

(1) 예수님께서 가르쳐 주신 기도의 내용과 이 기도 내용을 통해 깨달을 수 있는 것은 무엇입니까(1-4절)?

예수님은 습관을 따라 기도하셨습니다. 그 예수님은 새 인류에게 기도를 가르쳐 주십니다. 기도의 시작은 "아버지의 이름이 거룩히 여김을 받으시는 것(2절)"입니다. 하나님의 이름은 거룩합니다. "나라가 임하시오며(2절)"는 하나님의 나라가 임하기를 바라는 성도의 기도입니다. 성도의 관심은 하나님 나라여야 합니다. "일용할 양식을 주시옵고(3절)"에서 양식은 생명 유지를 위한 필수품입니다. "죄도 사하여 주시옵고(4절)"라는 기도는 성도가 하나님께 죄를 사해 달라고 기도할 수 있어야 한다는 것입니다. 그러나 먼저 행해야 할 것이 있습니다. 우리에게 죄지은 자를 용서하는 일입니다. "시험에 들게 하지 마시옵소서(4절)"는 세상의 유혹에 빠지지 않기를 바라는 기도입니다. 기도는 예수님께 배워야 합니다. 기도를 배워본 경험이 있다면 나누어 봅시다.

(2) 기도는 어떠한 마음으로 해야 합니까? 기도하는 자가 최종적으로 구해야 할 것은 무엇입니까(5-8, 13절)?

이어지는 내용은 "어떤 자세로 기도해야 하는가?"입니다(5-8절). '간절히'라는 단어는 헬라어로 '아나이데이아'입니다. 이것은 '부끄러움 없음, 뻔뻔스러움, 때나 장소, 사람을 가리지 않고 성가시게 구는 것'을 의미합니다. 하나님은 마음이 간절한 사람의 기도를 들어 주십니다. 하나님이 주시는 것 중에 가장 좋은 것은 '성령'입니다. 하나님은 새 인류에게 성령을 주시기를 원하십니다. 새 인류가 기도하는 최고의 목적은 성령을 받는 것입니다(13절). 성령을 받았을 때의 경험들이 있다면 나누어 봅시다. 아울러 "구하고, 찾고, 두드리라"는 의미를 함께 새기어 봅시다.

(3) 귀신을 쫓아내신 예수님을 향한 사람들의 반응은 어떤가요 (14-26절)?

예수님은 말 못하게 하는 귀신 들린 자를 고치십니다. 기도하는 자에게 임하는 능력은 귀신을 제어합니다. 새 인류는 어느 편에 설 것인가를 선택해야 합니다. 예수님 편에 설 것인가, 사탄의 편에 설 것인가를 묻고 있습니다(23절). 당신은 어느 편에 서 있습니까? 기도하는 사람은 어느 편에 서 있어야 하는지 나누어 봅시다.

말씀 다지기 |

예수님의 능력을 체험한 새 인류는 성령님을 마음속에 모셔야 합니다. 마음속에 모신 성령님이 우리를 강력하게 주장하시도록 주권을 내어 드려야 합니다. 성령님이 강력히 임한 상태가 유지되지 않으면 그 빈자리에 악한 영이 다시 들어올 수 있습니다. 새 인류는 자신에게 임한 성령이 활발하게 활동하시도록 주권을 내어 드려야 합니다. 주권을 내 드리는 자리가 바로 기도하는 자리입니다. .

찬양 | 364장 내 기도하는 그 시간 (통일 482장)

기도 | 기도로 능력 있는 새 인류 되게 하소서.

| 나눔노트 |

25. 악한 세대를 향한 예수님의 책망

본문 읽기
누가복음 11:27-54절

본문 배경 |

예수님은 사람들로부터 '귀신의 왕 바알세블'의 힘으로 귀신을 쫓아낸다는 말을 듣습니다. 어떤 사람들은 '하늘로부터 오는 표적'을 보이라고 예수를 시험합니다(15-16절). 이에 예수님은 왜 귀신의 왕 바알세블의 힘이 아닌지에 대하여 설명하십니다(17-26절).

본문으로 이어지면서 진정한 복이 있는 사람이 어떤 사람인지 말씀하시고(27-28절), 표적을 구하는 이 세대를 "악한 세대"로 표현 하셨습니다(29절). 왜냐하면 그들이 진정한 말씀을 잘 못 배웠기 때문입니다. 그들 스스로가 어둡기 때문입니다(33-36절). 여기에는 바리새인과 율법교사가 한 몫을 했습니다. 그러기에 계속되는 말씀에서 그들을 외식하여 악독이 가득한 자로 규정하고 그들이 받을 화를 선포하십니다 (37-54절).

본문 관찰 및 나눔 |

(1) 육적인 복과 영적인 복의 차이는 무엇일가요?

한 여인과 예수님과의 대화 속에서 찾아봅시다(27-28절).

여인의 말입니다. "당신을 밴 태와 당신을 먹인 젖이 복이 있다", 예수님의 답변입니다. "하나님의 말씀을 듣고 지키는 자가 복이 있다". 한 여인이 말한 행복이 육적인 것이라면, 새 인류의 행복은 영적인 것이어야 합니다. 당신은 무엇 때문에 더 행복해 하는지 나누어 봅시다.

(2) 악한세대가 예수님께 표적을 구할 때, 예수님의 답변과 그 의미는 무엇인가요(29-32절)?

예수님은 그들에게 "요나의 표적"을 말씀하시고 요나보다 큰 이가 여기 있다 말씀하셨습니다. 요나의 표적이 무엇이었는지, 그리고 그것이 니느웨 사람들에게 어떻게 보였는지 각자의 생각을 나누어 봅시다. 그리고 예수님은 요나보다 크십니다. 이유가 무엇일까요?

(3) 예수님이 바리새인들과 율법 교사를 책망하신 이유는 무엇입니까 (33-54절)?

바리새인들과 율법사들의 눈은 어두워져 있습니다. 그러기에 밝은 것을 보지 못합니다. 그런 그들이 누군가를 가르친다는 것은 어불성설입니다. 도리어 배우고자 하는 이들을 잘못된 길로 인도할 뿐입니다.

그러면서도 그들은 스스로 하나님 앞에 의인인척, 잘 가르치고 있는 것 같은 착각, 따라서 일반인들에게 대접을 받아야 하는 위치에 있어야 한다고 생각했습니다. 외형은 이루 말할 수 없이 깨끗합니다.

하나님이 주신 간단한 율법을(십계명) 자기들 스스로의 편리성을 따라 613개나 되는 조항으로 바꾸어 버렸습니다. 물론 그들도 그것을 지키지 못합니다. 사람들에게 무거운 짐만 지우는 꼴이 되어 버렸습니다.

이러한 등등의 문제들로 바리새인과 율법교사에게 예수님은 저주를 퍼 부으셨습니다. 예수님은 외식하는 자를 좋아하지 않으십니다. 겉과 속이 다른 것을 싫어하십니다. 신앙생활 속에서 나의 외식은 없는지 나누어 봅시다.

말씀 다지기 |

하나님의 말씀은 잘 듣고 바르게 지키기 위해 우리에게 주어졌습니다. 이를 위해 애쓰는 사람이 바로 새 인류 입니다. 가르침도 마찬가지입니다. 말씀을 바르게 지키는 자가 말씀을 잘 가르칠 수 있습니다. 그렇지 못하면 우리 또한 예수님의 책망으로부터 자유로울 수 없습니다. 말씀을 듣고 행하는 사람이 책망을 면하는 새 인류가 됩니다.

찬양 | 546장 주님 약속하신 말씀 위에서 (통일 399장)

기도 | 하나님 말씀을 듣고 지켜 책망받지 않는 제자가 되게 하소서.

| 나눔노트 |

26. 마음의 모든 탐심

본문 읽기

누가복음 12:1-21절

본문 배경 |

예수님께서는 유산 문제를 가지고 온 사람을 통하여 사람이 참된 가치를 두어야 할 것이 무엇인지를 가르쳐 주십니다. 만물의 본질을 꿰뚫어 보시는 예수님께서는 유산 문제를 해결하기 보다는 '한 부자의 비유'를 통하여 모든 사람의 마음속에 있는 탐욕을 지적함으로써 근본적인 해결점을 제시하십니다. 즉 예수님은 이 비유를 통해 인간이 이 세상에 가치를 두고 유한한 물질을 의존할 때 맞게 되는 비참한 최후를 지적하심으로 우리 삶의 방향을 영원한 것에 두도록 하셨습니다.

본문 관찰 및 나눔 |

(1) 한 사람이 예수님께 부탁한 것은 무엇입니까(13절)? 예수님은 이 사람에게 어떤 대답을 하시며(14절), 어떤 교훈을 주십니까(15절)? 비유에 나오는 부자는 어떤 계획을 세웁니까(17-18절)?

부자는 더 이상 쌓을 곳이 없을 정도로 많은 축복을 받아 누렸습니다. 따라서 그는 그 많은 재물을 주신 하나님께 감사하며, 그것을 가난한 이웃에게도 나눠 주어야 했습니다(신 15:7-11). 하지만 부자는 그렇게 하지 않았습니다. 그는 있는 곳간을 헐고 더 크게 지어 그 많은 재물을 자신만을 위해 보관하려고 했습니다. 이러한 물질에 대한 지나친 욕심은 이웃을 잊게 만들고, 하나님의 뜻을 저버리게 합니다. 이것은 곧 우상 숭배와 같습니다(골 3:5). 지금 물질에 대한 나의 모습을 생각해 봅시다. 잘못된 탐심이 있다면 무엇인지, 또 현재 생활에 자족하기 위해서 내가 해야 할 일이 있다면 무엇인지 나누어 봅시다.

(2) 재물을 잔뜩 쌓아둔 부자는 자신에게 어떤 말을 합니까(19절)? 하나님은 여기에 대해 무슨 대답을 하십니까(20절)?

부자가 착각한 것은 무엇인가요? 자신이 의도한 계획대로 진행된다고 생각하는 점입니다. 그는 당장이라도 부자의 영혼을 찾으실 수 있는 하나님의 존재를 망각했습니다. 소비시대를 살아가면서 일하지 않고 편히 쉬고 먹고 놀려는 나태한 마음입니다. “누구든지 일하기 싫어하거든 먹지도 말게 하라”(살후 3:10) 나의 마음과 삶의 방향은 지금 어디로 향하고 있는지 이야기해 봅시다.

(3) 하나님은 이 부자를 가리켜 어떤 사람이라고 평가하시고(20절), 규정하셨습니까(21절)? 하나님은 이런 사람은 어떤 최후를 맞이할 수 있다고 하십니까(20절)?

우리는 육신을 위하여 육신에 매여 사는 존재가 아닙니다(롬 8:12-13). 본문 이후의 말씀에서 "너희는 무엇을 먹을까 무엇을 마실까 하여 구하지 말며 근심하지도 말라"고 권면하십니다(29절). 그리고 "오직 너희는 그의 나라를 구하라. 그리하면 이런 것을 너희에게 더하시리라"고 약속하십니다(31절). 나는 과연 무엇을 구하며 살고 있는지 이야기해 봅시다.

말씀 다지기 |

예수님은 자신의 현실 문제(유산)로 고민하는 한 청년의 청을 냉정해 보일 정도로 외면하셨습니다. 이것은 세상을 바라보는 관점을 새롭게 하라는 뜻입니다(골 3:1-2). 위의 것을 먼저 사모할 때, 우리의 필요를 아시는 주님께서 모든 것을 채워 주시며, 영원한 하나님 나라까지도 유업으로 주시기 때문입니다. 지금 나의 마음과 나의 삶의 방향은 무엇을 향하고 있는지 깊이 묵상하며 결단해야할 때입니다.

찬양 | 459장 누가 주를 따라 (통일 514장)

기도 | 나의 모든 탐심을 발견하기 원합니다. 자족의 비결과 하늘의 꿈을 갖게 도우소서.

| 나눔노트 |

27. 재림의 때

본문 읽기
누가복음 12:22-48절

본문 배경 |

예수님께서 제자들에게 재림의 준비를 당부하신 것은 이제 당신이 제자들을 떠날 때가 가까이 왔고, 다시 오실 날이 확실하지 않음을 깨우쳐 주기 위함입니다. 그래서 제자들로 하여금 인자의 재림을 항상 성실하게 준비할 수 있도록 하셨습니다.

본문의 전반부(22-34절)는 예수님께서 제자들에게 세상적인 염려에 빠지지 말고, 오로지 하나님 나라와 그 의를 구해야 한다는 사실을 교훈하십니다. 후반부(35-48절)는 주님의 종말론적 재림을 준비할 것에 대해 가르치십니다. 전반부와 후반부가 깊은 상관관계를 이루고 있는데, 전반부는 성도들에게 오직 하나님 나라를 구해야 할 것을 요구하십니다. 후반부는 그 하나님 나라는 이미 이 땅에 도래했으며, 그 최종 완성은 종말의 때와 그리스도의 재림을 맞이하기에 합당한 존재로 준비되었을 때입니다. 예수님은 그것에 관하여 세 가지 비유를 통해 말씀하고 있습니다. 이 세 가지 비유의 내용은 '주의 재림이 언제인지 알 수 없으니 항상 깨어 예비하고 있으라'는 말씀이지만 비유마다 부각시키는 주제는 각각의 차이를 보입니다.

본문 관찰 및 나눔 |

(1) 그리스도의 재림을 준비하는 마음의 자세란 무엇입니까(35절)? 주인이 와서 어떤 종의 모습을 보면 복이 있다고 하셨습니까(37, 38절)?

주인을 기다리며 깨어있는 종의 비유입니다. 본문에만 기록된 독특한 비유로 마태복음의 '열 처녀의 비유'(마 25:1-13)와 내용이 흡사하고, 주님의 재림을 준비하는 마음의 자세를 강조합니다. 재림을 준비하는 마음의 자세가운데 내게 가장 어려운 모습이 있다면 무엇인지 나누어 봅시다.

(2) 앞의 비유와 다른 점은 무엇입니까(39절)? 또한 앞의 비유와 다르게 강조한 점은 무엇입니까(40절)?

도둑의 비유입니다(마 24:43-44). 주님의 재림이 도적같이 아무도 예상치 못한 때에 불시에 임할 것을 강조합니다. 앞의 비유가 주인과 종의 관계에서 종의 신실성을 강조한 것이라면 본 비유는 주인과 도둑의 관계를 말하면서 주를 맞이할 그리스도인들의 준비성을 강조하고 있습니다. 삶의 모든 영역에서 내가 준비할 부분이 있다면 무엇인지 나누어 봅시다.

(3) 청지기가 지녀야할 의무는 무엇입니까(42절)? 주인의 뜻을 알고도 불충한 종에게 따르는 심판은 무엇입니까(46-48절)?

지혜 있고 진실한 청지기의 비유입니다(마 24:45-51). 재림의 때 상급과 심판을 강조하고 있습니다. 특히 이 비유는 앞에서의 두 비유와 다르게 적극적인 봉사와 충성으로 재림을 준비해야 됨을 말해 주고 있습니다. 또한 이 청지기 직에는 충성했을 때의 큰 상급뿐 아니라, 불충했을 때의 큰 심판이 함께 내포되어 있습니다. 청지기가 가져야 할 마음의 자세가 있다면 무엇인가 나누어 봅시다.

말씀 다지기 |

'청지기'는 여러 종들 가운데 주인의 신임을 받아 선택되어 주인을 대신하여 집의 가사를 책임지고, 재산과 다른 종들을 관리하는 종입니다. 그래서 상당한 행동의 자유가 있었습니다. 그러므로 청지기의 생명은 '충성'(고전 4:2)과 '지혜'(눅 16:8), 그리고 '진실'입니다.

'주인의 뜻을 알고도'(47절) 세 가지 비유의 결론과도 같은 말씀입니다. 특권은 항상 의무를 동반하는 법입니다. 따라서 그 의무를 등한히 할 때, 특권은 오히려 더 큰 화를 가져다줍니다. 같은 맥락에서 알고 지은 죄는 모르고 지은 죄보다 중한 형벌을 받게 된다는 의미가 됩니다. 이것은 공정하신 하나님의 심판의 성격을 잘 드러내고 있습니다.

찬양 | 330장 어둔 밤 쉬 되리니 (통일 370장)

기도 | 하나님 나라와 의를 위해 살기 원합니다. 합당한 존재가 될 수 있도록 도우소서.

| 나눔노트 |

28. 시대를 분별하는 그리스도인

본문 읽기
누가복음 12:49-13:9절

본문 배경 |

본문은 앞의 두 과와 합쳐서 마지막 결론부에 해당됩니다. 12장 1절에서 시작된 예수님과 수많은 무리와의 긴 대화에서 '그리스도의 재림과 심판, 그리고 성도가 당할 환난 등'의 크고 작은 주제들을 본문까지 연결하시면서 말씀하셨습니다. 그리고 그 결론을 마지막 단락(13:1-9)에서 심판을 피할 수 있도록 회개(변화)를 촉구하시면서 열매 맺는 인생이 될 것을 비유로 가르치셨습니다.

본문은 두 부분으로 나누어 연결하고 있는데, 첫째가 신자와 불신자 사이에서 필연적으로 발생하는 분쟁과 충돌에 대한 말씀입니다. 둘째는 무리들에게 종말의 때를 분별하고, 그때가 이르기 전에 속히 회개하여 심판을 면할 것을 촉구하고 있습니다.

본문 관찰 및 나눔 |

(1) 예수님의 '불'을 던지어 오셨다는 의미는 무엇입니까(49절)? 이것으로 말미암아 찾아오는 분쟁의 대상들은 누구입니까(53절)?

예수님은 불을 던지러 오셨습니다(49-53절). 여기서 '불'이 무엇을 의미하느냐에 대해서 여러 의견들이 있으나 (마 10:34)에 비추어 볼 때, '신자들의 열심으로 인해 불신자들과 조성될 적대감'으로 보는 것이 타당합니다. 즉 예수님께서는 신자와 불신자를 구별하고, 진리와 비진리를 구분하여 종래에는 심판하기 위해서 오셨는데 아직은 그 불이 붙지 않았다는 말씀입니다. 다시 말하면 신자와 불신자 간의 심한 갈등, 분쟁, 핍박이 올 때가 마지막 때가 가까이 왔다는 것입니다. 신앙생활 가운데 찾아오는 불합리한 핍박, 오해가 생기면 어떻게 하는지 이야기해 봅시다.

(2) 저들은 시대는 분별할 줄 모르고, 어떤 것에 대한 경험, 지식은 많았습니까(56절)? 임박한 심판을 피하려면 어떻게 해야 합니까(58절)?

시대를 분별할 줄 알아야 합니다(54-59절). 35절에서 시작된 이 문단 전체는 종말론적 긴박감이 감돕니다. 여기서 '시대'는 '카이로스'를 번역한 것인데 카이로스는 특별히 중요한 때, 위기에도 사용되는 말입니다. 그들은 자연적인 문제를 진단할 때의 지식은 넘쳐났지만 영적인 일에는 무지한 자들이었습니다(삼상 1:13). 이에 그들의 영적 무지를 책망하시고, 하나님의 심판의 임박했음과 기회가 아직 있을 때 속히 대비(화해)할 것을 권면하십니다. 나는 어떤 것에 더 민감하고, 예민해 있는지 나누어 봅시다.

(3) 바른 회개를 위하여 예로 드셨던 당시 두 가지 사건은 무엇입니까(1, 4절)? 무화과나무의 비유를 통하여 주인이 원하는 것은 무엇입니까(9절)?

회개할 것을 촉구하셨습니다(13:1-9절). 예수님께서는 바른 회개를 권면하기 위해서 당시 있었던 사건, 즉 빌라도가 갈릴리 사람을 학살한 사건과 실로암 망대가 무너진 사건을 예로써 설명하고 있습니다. 또한 예수님께서는 회개를 촉구하기 위해 열매 맺지 못한 무화과나무의 비유를 들고 계십니다. 내가 진정으로 회개(변화)해야 할 것은 무엇인지 나누어 봅시다.

말씀 다지기 |

사무엘상 25장을 보면 분별력 없는 남편(나발)을 둔 아비가일의 이야기가 나옵니다. 다윗의 군사들에 의해 집안이 몰살당할 위기 가운데 지혜로운 여인의 처신을 보게 됩니다. 살면서 '어떻게 행동해야 할지?' 또 '어떻게 말해야 하는지?' 분별이 안 될 때가 종종 있게 됩니다.

이때 그리스도인들은 말씀 앞에 나아가 하나님의 선하시고 기뻐하시고 온전하신 뜻을 분별할 줄 아는 지혜가 필요합니다(롬 12:2). 또한 겸손히 주님의 음성에 귀 기울이는 기도의 무릎을 가져야 합니다(약 1:5).

찬양 | 336장 환란과 핍박 중에도 (통일 383장)

기도 | 시대(때)를 분별하기 원합니다. 영적으로 바로 설 수 있도록 도우소서.

| 나눔노트 |

29. 하나님 나라와 좁은 문

본문 읽기
누가복음 13:10-35절

본문 배경 |

한 여인의 치유사건으로 발단이 된 '안식일 논쟁'(눅 6:1-5, 14:1-6)을 통하여 하나님 나라가 도래했음을 알리신 예수님께서는 겨자씨 비유와 누룩의 비유를 통하여 하나님 나라의 성격을 가르치십니다. 또한 하나님 나라에 참여하게 될 자들의 모습을 가르치셨습니다. "구원을 받을 자가 적으니이까?"(23절)라는 질문에 예수님은 즉답을 피하시고, '어떻게 해야 구원을 얻을까?' 보다 본질적인 문제를 다루십니다. 그리고 헤롯이 자신을 죽이려 한다는 소식을 들으시고, 자신의 죽음에 대해 예고하시며, 좁은 문으로 들어가는 것이 무엇인지 예수님의 삶을 통하여 가르치십니다.

본문 관찰 및 나눔 |

(1) 종교 지도자들과 예수님의 논쟁 이유는 무엇입니까(14절)?
저들의 잘못을 책망하시며 어떤 자들이라고 하셨습니까(15절)?

외식하는 종교 지도자들입니다(10-17절). 본서 6장에 이어 종교 지도자들과의 두 번째 '안식일에 관한 논쟁'입니다. 예수께서는 회당장이 안식일에 병 고치신 것을 비난하자 이를 계기로 유대인들의 그릇된 안식일 관념을 지적하시고 참된 의미를 교훈하셨습니다. 당시 종교 지도자들은 안식일에 대한 그릇된 편견으로 자신들에게는 유리하게 적용하고, 다른 사람에게는 불리하게 문자적으로 적용했습니다. 이러한 신앙의 외식은 우리도 말씀의 참된 의미를 이해하지 못하고 형식적 신앙 행위만을 강조하면 이런 오류를 범할 수 있음을 기억해야 합니다(마 23:27). 나의 신앙생활에 외식의 문제가 있다면 무엇인지 나누어 봅시다.

(2) 하나님 나라의 성격을 드러내는 두 비유는 무엇입니까
(19, 21절)? 또한 두 비유를 통하여 말씀하시는 하나님 나라의
성격은 무엇입니까?

하나님 나라의 두 가지 비유의(18-21절) 공통점은 '처음에는 미약하게 시작된 하나님 나라가 복음의 역동성으로 인해 크게 성장하고 확장될 것'을 보여 줍니다. 그러나 하나님 나라의 다른 성격을 말씀하고 있습니다. 겨자씨 비유는 하나님 나라의 외적 성장을, 누룩의 비유는 하나님 나라의 내적인 성숙을 보여 줍니다. 그러므로 십자가 복음으로 변

화된 우리도 하나님 나라의 백성으로서 외적 신앙의 성장과 내적 인격의 성숙이 조화를 이루는 삶을 살아야 합니다. 나는 신앙의 외적 성장과 내적 성숙의 조화를 이루고 있는지 이야기해 봅시다.

(3) 구원을 받을 사람들이 힘써야 할 것은 무엇입니까(24절)?
예루살렘아 부르시면서 책망하신 내용은 무엇입니까(34절)?

하나님 나라와 좁은 문입니다(22-35절). 마지막 적용, 실천 부분입니다. 즉 하나님 나라에 참여하게 될 자들의 삶을 말씀하고 있습니다. 그것이 좁은 문으로 들어가기를 힘쓰는 삶입니다. 하나님 나라(구원)를 위해서는 세상 유혹을 뿌리치고 회개와 성결의 삶을 요구하십니다. 그리고 좁은 문으로 들어가시는 예수님의 모범의 과정을 소개하고 있습니다. 삶속에서 좁은 문으로 들어간다는 것이 무엇을 의미하는 것인지 이야기해 봅시다.

말씀 다지기 |

'힘쓰라'(24절)라는 말은 운동 경기에 사용되는 전문 용어로 경기에서 상급을 위해 힘쓰는 것을 가리킵니다. 이처럼 그리스도인들은 하나님 나라를 위하여 믿음으로 날마다 사단과의 영적 전쟁에서 싸워야 합니다. 육신의 정욕을 피하고, 자기를 부인하고, 주를 좇아야 합니다. 하나님의 전신갑주로 무장하여 승리의 삶의 살아야 합니다(엡 6:10-20).

그래서 좁은 문입니다. 길도 협착하고, 찾는 이도 적습니다. 그러나 그 마지막은 생명입니다(마 7:14).

찬양 | 210장 시온성과 같은 교회 (통일 245장)

기도 | 하나님 나라를 세우기 원합니다. 좁은 문으로 들어가기를 힘쓰도록 도우소서.

| 나눔노트 |

30. 천국 잔치에 참여할 자

본문 읽기
누가복음 14:1-35절

본문 배경 |

예수님은 바리새인의 안식일 식사에 초대되어 거기서 수종병 든 사람을 고치심으로 안식일의 진정한 의미를 다시 교훈하십니다. 이어서 잔치에 청함 받은 사람과 청한 사람의 잘못된 행위와 동기를 비유를 통하여 겸손과 자비에 대한 교훈을 가르치셨습니다. 그리고 본장의 핵심이 되는 천국(하나님 나라) 잔치에 참석할 자가 누구인지를 교훈하신 내용입니다. 끝으로 십자가 고난과 철저한 준비와 헌신이 있어야 함을 말씀하십니다. 이는 다른 측면에서 자신이 먼저 하나님 나라(천국)에 참여하며 복음을 세상에 전하여 하나님 나라에 참여시킬 제자의 삶(자격)을 말합니다.

본문 관찰 및 나눔 |

(1) 예수님께서 잔치에 초대받은 사람에게 요구하신 태도는 무엇입니까(11절)? 또한 초대한 사람에게 요구하신 태도는 무엇입니까(14절)?

잔치에 초대받은 자와 초대한 자의 태도입니다(7-14절). 바리새인들은 자신의 학문, 지위, 경건 등을 스스로 높이 평가하여 잔치의 높은 자리를 탐하였습니다. 예수님은 저들의 이러한 오만한 신앙의 태도를 지적하시면서 겸손의 태도를 요구하십니다. 또한 잔치를 베푼 자에 관한 가르침으로 잔치에 손님을 초청할 때에는 갚을 수 있는 사람을 초청 하지 말고, 갚을 수 없는 사람을 초청하는 자비의 마음을 요구하십니다. 예수님의 이러한 요구들에 내가 응답할 부분이 있다면 무엇인지 나누어 봅시다.

(2) 잔치에 청함 받은 사람들이 일치하게 사양한 이유는 무엇입니까(18-20절)? 비유에서 결국 잔치에 참여한 자들은 누구입니까(21, 23절)?

천국(하나님 나라) 잔치에 청함 받은 자들입니다(15-24절). 어느 한 사람이 예수님의 교훈을 듣고 '하나님 나라에서 떡을 먹는 자는 복되도다.'라는 말을 합니다. 이에 예수님은 인하여 하나님 나라의 잔치에 참석할 자가 누구인지를 '큰 잔치비유'를 통하여 말씀하십니다. 천국 잔치에 참여할 자는 스스로 아브라함의 자손으로 구원받았다고 자부하는 유대인들이 아닙니다. 오직 하나님의 사랑과 은혜의 부름에 응답하는 사람들임을 역설하십니다. 나는 잔치 자리에 청함을 어떻게 응답해야 할 것인지 이야기해 봅시다.

(3) 주님을 따르는 제자들에게 요구된 자격은 무엇입니까(26-27절)? 앞으로 잔치를 베풀 자들의 자격에 대한 비유는 무엇입니까(34절)?

앞으로 잔치를 베풀 자들의 자격입니다(25-35절). 예수님께서는 앞으로 당신을 대신하여 잔치를 베풀 자들(제자)의 자격을 세 가지의 비유로 말씀하셨습니다. 그 첫째와 둘째가 '망대를 세우는 자의 비유와 전쟁에 참가하는 왕의 비유'입니다. 이 비유는 망대를 세우는 건축자와 전쟁에 참가하려는 왕이 철저한 준비와 계획을 갖춘 다음에 건축과 전쟁을 하는 것처럼, 잔치를 베풀 자들이 되려는 사람은 그 길이 어떤 것인지 확실히 인식하고, 예수님을 좇음으로 중도에 포기하지 않는 자가 되어야 함을 교훈하고 있습니다. 셋째는 '맛을 잃은 소금'입니다. 역시 잔치를 베풀 자들(제자)의 헌신과 희생에 대한 내용입니다(마 5:13). 이 비유들 가운데 내게 적용될 말씀이 있다면 무엇인지? 또한 그 이유는 무엇인지 나누어 봅시다.

말씀 다지기 |

하나님 나라는 세상과 달리 자기를 높이는 자가 낮아지고, 자기를 낮추는 자가 높아지는 역설적 진리가 적용되는 곳입니다. 하나님 나라는 하나님의 자비로 인해 이 땅의 소외되고 천대받는 자들, 즉 자신을 낮추고 겸손한 자들이 초대될 것임을 말씀합니다.

유대인들의 메시야 사상은 독선적인 것으로 주님께서 오실 때에 자신들만이 하나님 나라에 참여할 수 있다고 생각했습니다(사 25:6, 55:1-3).

찬양 | 488장 이 몸의 소망 무언가 (통일 539장)

기도 | 하나님 나라 일꾼 되기 원합니다. 감당할 수 있도록 도우소서.

| 나눔노트 |

31. 새 시대의 즐거운 잔치

본문 읽기
누가복음 15:1-32절

본문 배경 |

예수님께서 말씀을 전하실 때 오히려 죄인들은 말씀을 듣기 위하여 가까이 나아왔습니다. 예수님은 세 가지의 이야기를 들려주시며 사랑과 용서의 하나님이 잃어버린 자들과 죄인들을 찾으시고 기다리시고 용서하시는 분이심을 가르쳐 주십니다. 그러나 바리새인과 서기관들은 죄인들을 용납하시고 그들에게 새로운 하나님 나라 백성으로서의 삶을 전하는 예수님을 비난하였습니다. 자신이 의롭다고 생각하는 자들은 오히려 예수님을 가까이 하지도 죄인들을 용납하지도 않았습니다.

본문 관찰 및 나눔 |

(1) 죄인을 대하는 바리새인과 서기관의 자세는 어떠했나요?

죄인들은 예수님께 가까이 나아왔으며 예수님은 그들을 용납하셨습니다. 그러나 바리새인과 서기관들은 그들을 용납하지 않았습니다. 더구나 종교지도자들은 죄인들을 용납하시는 예수님을 비난 했습니다. 나의 삶에도 죄인들을 대하는 자세는 예수님과 동일해야 합니다. 누구든지 회개하며 돌아오는 자들을 용납한 일이 있는지 나의 경험을 나누어 봅니다.

(2) 목자는 양을 찾는데 어떤 행동을 했나요(4절)?

양들을 찾을 때 까지 찾아 나서는 목자의 마음으로 잃어버린 양들이 누구인지 생각하며 찾아야 합니다. 그것이 예수님이 이 땅에 오신 목적이며 즐거운 잔치의 출발입니다. 예수님은 죄인을 용납하지 않는 그들의 마음을 아셨습니다. 목자 되신 하나님이 나에게 원하시는 삶은 무엇인가요?

(3) 잃어버린 한 개의 드라크마를 찾기 위해 열심이었던 이유가 무엇입니까?

열 개의 드라크마는 남자가 여자에게 혼인을 위한 사랑의 증표이며 한 세트로 이루어져 있습니다. 여기에서 한 개를 잃어버리면 그 가치를 잃어버리게 되므로 한 개는 매우 중요한 것입니다. 소중한 잃어버린 한 영혼을 찾기 위해 내 삶이 변화되어야 할 부분은 무엇인가요?

(4) 집안에 있는 진정한 탕자는 누구입니까?

큰 아들은 동생이 돌아 왔지만 즐거운 잔치에 참여 하지 않았습니다. 죄인이 회개하고 돌아 올 때 기뻐하며 잔치에 참여하는 자가 되어야 합니다. 둘째 아들은 아버지에게 유산 상속을 부탁하고 있습니다(11-32절). 아버지가 살아 계실 때의 유산 상속은 아버지의 명예를 모독하는 것입니다. 그럼에도 아버지는 재산을 상속하였으며 집나간 아들을 기다립니다. 마침내 돌아온 둘째 아들을 영접하고 맞이하고 있습니다. 이러한 아버지의 마음을 이해하고 동참하는 마음을 가져야 합니다. 죄인이 회개하고 돌아온 순간 하나님 아버지가 나에게 원하시는 것은 무엇인가요?

말씀 다지기 |

예수님은 변함없이 죄인들을 영접하고 말씀을 전했고, 종교지도자들은 예수님의 사역에 불평했습니다. 영접이라는 말은 '프로스데코마이'로서 '가치를 인정하고 관계를 맺는 것'을 의미합니다. 예수님은 그렇게 죄인들을 대하셨습니다. 현재의 공동체 사역이 죄인들이 회개하고 잃어버린 영혼에 대한 관심이 있는지 확인해야 합니다. 드라크마를 찾는 여인의 열심처럼 한 영혼을 찾는 것에 대한 열심을 가져야 합니다.

본문 23절에 둘째아들의 돌아옴은 아버지에게 큰 기쁨이었으나, 본문 28절에서 첫째 아들은 분노하고 있습니다. 죄인이 회개하고 돌아오는 것에 불쾌함을 가지는 것을 예수님은 지적하시는 것입니다. 오히려 첫째 아들은 집안의 탕자입니다. 집을 나가지는 않았으나 아버지와의 관계는 단절되었고 아직도 한 가족이 되지 못한 모습을 알 수 있습니다. 서기관과 바리새인들은 첫째 아들과 같습니다. 모든 것을 지키는 듯 하나 영적으로 돌아오지 않는 첫째 아들입니다. 새 시대의 즐거운 잔치는 잃은 영혼을 찾고 인내로 기다리시는 하늘 아버지의 마음을 아는 자들의 모임입니다. 이러한 잔치에 참여 하기를 소망 합니다.

찬양 | 185장 이 기쁜 소식을 (통일 179장)

기도 | 영혼을 구원하는 즐거운 잔치가 나의 삶에도 있게 하소서.

| 나눔노트 |

32. 지혜: 하나님과 재물

본문 읽기
누가복음 16:1-18절

본문 배경 |

예수님은 물질에 대한 교훈을 제자들에게 가르쳐 주십니다. 이 땅에 사는 성도들에게도 하나님을 믿으며 재물 사용의 올바른 방법과 목적을 비유로 가르쳐 주십니다. 하나님의 백성들도 동일한 환경에서 물질을 대하는 믿음의 삶을 살아내야 합니다. 재물에 대한 신앙의 태도를 예수님은 강조하십니다. 재물이 우리들의 삶의 중심에 놓이지 않고 오히려 하나님을 섬기는 백성들이 재물을 통하여 어떻게 살아가야 하는지를 말씀하십니다.

본문 관찰 및 나눔 |

(1) 청지기는 어떤 위기를 맞게 되나요(2절)?

청지기가 주인의 소유를 낭비한다는 것을 주인이 알게 되었습니다. 그 이유로 청지기는 해고의 위기에 놓이게 되었습니다(1-2절). 청지기는 해고된 이후 자신의 안전한 삶을 위해 채무자들의 이자를 삭감해 줌으로 자신의 앞날을 예비합니다(4-7절). 불의한 재물로 지혜롭게 행동한 청지기의 행동과 같이 그리스도인들도 불의한 청지기에게 본받을만한 일이 있음을 말씀하십니다. 내게 주신 것들을 하나님을 위하여 지혜롭게 사용하십시오. 하나님 나라를 위하여 당신의 재능과 물질을 지혜롭게 사용하기 위한 신앙생활의 우선순위가 무엇인가요?

(2) 바리새인들은 무엇을 좋아했나요(14절)?

바라새인들은 돈을 좋아한다고 본문은 기록 하였습니다. 그들은 스스로 옳다고 하며 사람들에게 높임을 받는 결과로 하나님 앞에서 미움을 받게 되었습니다(15절). 그들은 자신의 임의대로 하나님의 말씀을 잘못된 적용으로 나아갔습니다. 나의 삶에서 변질된 하나님의 말씀의 모습이 있다면 무엇인지 분별하여 봅니다.

(3) 부자와 나사로는 각각 어떠한 삶을 살았습니까?

부자는 날마다 호화로운 삶을 살았고, 나사로는 버림을 받은 가난한 자였습니다(19-20절). 부자와 나사로에게 공통적으로 찾아온 것은 죽음이었습니다(22절). 죽은 나사로와 부자는 지상의 삶과는 달랐습니다(22-23절). 나사로는 아브라함의 품에 부자는 음부에 있습니다. 부자는 음부의 고통 중에 가족을 위한 요구를 하였습니다(24, 27절). 그 요구는 죽은 자가 살아나서 전하는 복음이었습니다. 그러나 지금 현재 주시는 말씀에 순종하지 않는 자들은 변화되지 못함을 말씀하십니다(31절). 지금 나의 삶에서 주시는 하나님의 말씀을 듣는 자세는 어떠해야 합니까?

말씀 다지기 |

불의한 청지기의 앞날에 대한 치밀한 계획을 예수님은 소개합니다. 우리들도 현재의 삶을 넘어서 후에 하나님 나라의 영원한 생명을 생각하며 열심히 주의 일을 해야 할 것입니다. 바리새인들은 돈을 좋아했습니다. 재물과 하나님을 겸하여 섬기지 못한다는 예수님의 말씀에 그들은 하나님을 잘 섬기므로 자신들이 축복을 받았다고 생각 했습니다. 그러기에 예수님의 말씀에 동의 할 수 없었습니다. 그러나 그들은 진정으로 하나님을 섬기는 자가 아니었음을 예수님은 지적 하셨습니다(15절). 말씀의 본질을 흐리게 하고 자신들의 편의대로 말씀을 왜곡 하였습니다. 특별히 정당한 이유 없이 이혼증서만으로 이혼을 합법화하는 잘못된 일을 저지르고 있었습니다(마19:3,7). 부자는 자신의 집 앞에 있는 나사로를 돌아보지 않는 잔인함을 가지고 있었습니다. 오히려 자신만을 위한 날마다 호화로운 극도의 사치로 매일을 살았습니다. 이것은 바리새인들이 자신만을 위하고 가난하고 소외된 이웃을 돌아보고 있지 않는 잔인함을 지적한 것입니다. 또한 그들의 죽음 이후에 그들의 형편은 반대가 되었습니다. 지금 나의 삶은 영원의 삶을 위한 준비가 되어야 합니다.

찬양 | 213장 나의 생명 드리니 (통일 348장)

기도 | 재물보다 하나님을 섬기는 삶이 되게 하소서.

| 나눔노트 |

33. 예수님의 가르침: 용서, 믿음, 감사

본문 읽기

누가복음 17:1–19절

본문 배경 |

예수님은 형제를 실족하게 하는 일에 대해서 경계를 하시고 있습니다. 서로 실족하지 않도록 조심해야 한다고 하십니다. 그리고 적극적으로 서로 용서하라고 하십니다. 상대방이 회개하고 돌이키는 경우에 용서를 하라고 하십니다. 또한 제자들이 믿음을 주시길 요구 할 때 겨자씨만한 믿음으로도 큰 능력을 행할 수 있음을 강조하십니다. 주님의 종들은 겸손해야 하며 나병환자 한 사람의 감사 고백을 귀하게 보십니다.

본문 관찰 및 나눔 |

(1) 연자 맷돌을 언급하셔서 말씀하시는 의미는 무엇인가요(1–2절)?

신앙생활에서 의도적으로 서로에게 상처를 주는 행위를 예수님은 조심할 것을 말씀 하십니다. 또한 형제가 죄를 범하면 경고하고 회개하는 형제를 용서하라고 하십니다(3-4절). 용서를 하는 것은 매우 어려운 일이나 순종해야 합니다. 제자 된 하나님나라의 백성들은 연약한 성도들이 실족당하지 않도록 늘 조심해야 합니다. 죄인들을 용서하는 삶을 살아가야 합니다. 용서의 경험이 있다면 나누어 보겠습니다.

(2) 믿음을 더 하여 달라는 제자들의 요청에 예수님의 대답은 무엇입니까(6절)?

예수님은 믿음의 분량보다 살아있는 생명의 믿음을 겨자씨로 언급하십니다. 작은 믿음이라도 분량에 있어서 매우 약소해 보이나 살아있는 믿음이 보여주는 능력은 매우 강력합니다. 또한 믿음으로 헌신하는 종들의 고백은 자신들을 겸손하게 무익한 종이라 합니다. 예수님의 제자들은 주신 직분에 감사로 반응해야 합니다. 그 이유는 사명은 매우 영광스럽고 소중한 것이기 때문입니다. 주신 직분을 잘 감당하기 위한 나의 노력은 무엇이어야 합니까?

(3) 나병환자들의 소망은 무엇입니까(13절)?

그들은 예수님께서 자신들을 치료해 주시길 원했습니다. 그러나 예수님께서 그들에게 말씀하신 것은 제사장들에게 자신의 질병을 보이라는 것이었습니다(14절). 아직 낫지 않은 상태에서의 순종은 힘든 일입니다. 그러나 그들은 가던 길에 치료받았습니다. 그러나 그중에 예수님께 돌아온 사람은 한 명이었습니다. 또한 그는 예수님께 감사고백을 하였을 때 그는 치료와 더불어 구원을 얻게 되었습니다(19절). 기적을 경험하는 믿음도 소중하지만 감사의 다시 자리로 돌아오는 것은 더욱 귀한 것입니다. 우리들도 받은 은혜에 대해서 감사의 고백을 나누어 보겠습니다.

말씀 다지기 |

영혼에 대한 예수님의 관심은 연약한자가 실족하지 않도록 주의하라고 하십니다. 또한 죄 가운데 있는 형제를 향하여 경고하고 회개하고 돌이키는 자에게는 한없는 용서를 실천해야 합니다.

제자들은 더욱 지혜로운 사역과 용서의 마음으로 사역하기 위해 더 큰 믿음을 요구하고 있습니다. 그러나 예수님은 믿음의 양보다 믿음의 질을 강조하십니다. 이것은 믿음이 가지는 힘입니다.

참된 종은 자신의 일을 다 하였기에 그에게는 어떠한 보상을 바라지 않음을 의미합니다. 우리들의 사역에서도 우리는 보상을 바라기보다 나에게 주어진 사명에 감사하며 믿음으로 나아가야 하겠습니다.

그 시대에서 나병은 인간의 힘으로 고칠 수 없는 질병입니다. 그러나 예수님의 은혜로 깨끗함을 받았지만 하나님께 감사를 잊어버리는 것에 대한 이야기는 나의 이야기 일 수도 있습니다. 이제 우리들의 신앙에 용서와 믿음, 감사의 징검다리로 위기의 강물을 건너가야 하겠습니다.

찬양 | 436장 나 이제 주님의 새 생명 얻은 몸 (통일 493장)

기도 | 믿음으로 치료받고 감사함으로 구원받게 하소서.

| 나눔노트 |

34. 인자의 날(때): 고난, 멸망, 기도

본문 읽기

누가복음 17:20-18:8절

본문 배경 |

하나님 나라가 언제 임하는지에 대한 바리새인의 질문에 예수님은 하나님 나라의 실체에 대해서 말씀하십니다. 그 시기와 때는 하나님만 아시기 때문입니다. 또한 하나님 나라는 오히려 우리들의 마음 즉 하나님 나라의 현재성을 강조하십니다(21절). 하나님 나라는 그리스도의 주권이 있는 그 곳입니다. 더불어 하나님 나라는 예수님과 더불어 이 땅에 임하였고 오직 필요한 것은 이미 임한 하나님 나라를 인식하는 일이었습니다.

본문 관찰 및 나눔 |

(1) 하나님 나라는 어디에 있나요(21절)?

예수님은 하나님 나라가 언제 임하는지에 대한 질문에서 하나님 나라는 눈으로 볼 수 있는 것이 아니라 예수님과 함께 이미 있음을 말씀하십니다(20-21절). 다시 오실 예수님의 재림은 모든 이들이 볼 수 있도록 오신다고 하십니다(23-24절). 재림하시기 전에 예수님은 사람들에게 버린바 되며 고난을 받게 되십니다(25-26절). 여전히 세상은 노아와 롯의 때와 같이 자신의 삶의 원리로 살아갑니다(27-29절). 나의 삶이 하나님 나라의 원리보다는 세상의 원리로 살아가는 모습이 있다면 무엇인지 나누어 봅시다.

(2) 예수님 재림하시는 날에 성도들의 모습은 어떠해야 하나요 (30-35절)?

재림의 날에 세상적인 것들을 버려야 하며 재림의 날을 기억하며 세상에서 집착하는 것을 내려놓아야 합니다. 추구하는 세상의 것을 버리면 얻게 되는 것은 생명입니다. 세상의 육체적인 삶을 사는 것보다 하나님의 영광을 위해 살아가야 합니다. 이 땅에 살고 있는 동안 언제나 예수님 맞을 준비를 하며 살고 있습니까?

(3) 종말의 시기에 성도들에게 필요한 것은 무엇입니까(1절)?

깨어 기도해야 하는 종말의 시기에 예수님은 불의한 재판장의 이야기를 통해 하나님은 원한을 풀어주시고 오래참지 않고 응답하시며 믿음을 보신다고 말씀하십니다. 재판장은 하나님을 두려워하지 않고 사람을 무시하는 자였습니다(2절). 그러나 과부는 자신의 원한을 해결하기 위하여 열심히 간청 하였습니다(3,5절). 힘든 문제가 있을 때 끈질긴 과부의 간청과 같이 하늘 아버지에게 기도하는 것을 잊지 말아야 합니다. 예수님 재림의 날에 우리가 잃어버리지 않아야 할 것은 믿음입니다(8절). 기도로 어려운 환경에서 응답을 받고 예수님 오시는 그날 까지 믿음을 지키는 자가 되어야 합니다. 믿음으로 간구하는 기도 제목을 있다면 나누어 보겠습니다.

말씀 다지기 |

예수님이 왕 되신 어느 곳이든지 거기에는 하나님 나라가 임한 곳입니다. 나의 마음에 예수님을 나의 주로 믿는 자들에게 임하게 됩니다. 또한 주님의 재림을 믿고 기다리는 성도들은 하늘에 소망을 두고 예수님을 기다리며 날마다 승리하는 삶을 살아 갈 수 있습니다. 세상에 소망을 두고 살아가면 우리는 모든 것을 잃어버립니다. 그러나 하나님 나라를 위하여 나의 삶을 드리고 살아갈 때 우리는 상급과 영생을 받을 것입니다.

물론 예수님이 다시 오시는 그날 까지 예수님처럼 우리들도 고난의 시간을 경험하게 될 것입니다. 그러한 고난의 때에 예수님은 우리들에게 낙심하지 말기를 당부 하십니다. '낙심하다'는 '녹초가 되다' 혹은 '정신이 희미해지다'라는 의미를 가지고 있습니다. 고난 가운데서 우리가 넘어지지 않으려면 기도해야 합니다. 불의한 재판장일지라도 끈질긴 과부의 기도를 강조한 예수님은 우리의 아버지는 하나님이심을 잊지 않게 하십니다. 기도를 응답해 주시는 하나님은 풍성하신 아버지입니다. 그러기에 종말의 시대에 깨어있는 신앙은 기도하기를 주저 하지 말아야 합니다. 지금 기도의 자리로 나아오십시오.

찬양 | 180장 하나님의 나팔소리 (통일 168장)

기도 | 깨어서 기도하며 기쁨으로 예수님을 만나게 하소서.

| 나눔노트 |

35. 하나님 나라에 가까운 사람들

본문 읽기
누가복음 18:9-43절

본문 배경 |

하나님 나라에 가까운 사람들은 자신들이 행하는 율법에 근거한 의로움으로 다른 사람들을 멸시하지 않습니다. 오히려 자신을 낮추고 회개하며 겸손으로 기도하는 자들입니다. 어린아이 같은 마음으로 하나님 나라를 믿는 자들과 하나님 나라를 위해 가치 있는 헌신이 있는 자들에게 하나님 나라는 가까이 있습니다. 그리스도의 죽음과 부활을 경험하고 그것을 믿는 자들에게 하나님 나라는 더욱 가까이 있습니다.

본문 관찰 및 나눔 |

(1) 예수님의 비유에서 누가 의로운 자입니까(14절)?

무릇 자신을 낮추고 겸손한 자가 예수님이 인정하시는 의로운 자입니다. 바리새인의 기도하는 모습에서 알 수 있듯이 그는 율법을 지킨 것을 자랑하며 기도 했습니다(11-12절). 예수님이 인정하신 의로운 자는 외식의 신앙인이 아닙니다. 오히려 자신을 낮추고 겸손히 회개하는 자입니다. 그러한 사람은 하나님 나라에 가까운 자입니다. 나의 신앙 생활에서 교만이 자리 잡고 있다면 어떤 변화가 필요 할까요?

(2) 예수님은 누가 하나님 나라의 백성이라고 하셨나요(16절)?

제자들은 사람들이 어린 아기를 축복해주시기를 원해 예수님께 가까이 왔습니다. 그러나 제자들은 그러한 행위를 막았습니다. 예수님은 가로막는 행위를 꾸짖으시며 어린아이와 같이 연약한 존재들을 받아들일 수 있는 믿음을 가진 자들이 하나님 나라의 백성이라고 하셨습니다. 하나님 나라에 들어가는 자들은 겸손하게 예수님의 말씀을 믿는 자들입니다. 순전한 믿음을 가진 자가 되기 위해서 어떤 변화가 있어야 합니까?

(3) 부자 관리의 부족한 계명은 무엇입니까(18절)?

관리는 예수님에게 영생을 얻는 것에 대해 그 방법을 질문 합니다. 예수님은 관원의 질문에 계명을 지키라고 하였습니다. 그 이유는 그에게 아직 부족한 계명이 있기 때문입니다(22절). 부족한 계명이 있음을 아시고 그에게 요구한 것은 그의 소유를 나누어 줄 것을 말씀 하십니다. 하나님 나라를 위하여 나의 소유를 어떻게 사용하고 있습니까?

(4) 선지자들을 통하여 기록된 구약의 성경말씀 중에서 예수님의 고난을 예언한 것을 알 수 있습니다(시 22편, 이사야 53장). 예수님은 자신과 제자들이 하나님의 구원계획을 위한 여정이 시작되었음을 말씀하십니다. 예수님의 고난을 통한 죽음과 부활의 사건에 대한 제자들의 반응은 어떠한가요(34절)? 나의 신앙의 여정에서 예수님의 고난에 동참하며 주님의 부활을 믿는 신앙이 있는지요?

(5) 맹인은 예수님의 소식을 접하고 나서 어떤 행동을 하였나요 (38-39절)?

포기하지 않고 예수님을 찾을 때 예수님은 그가 가까이 오도록 하셨습니다. 그리고 그의 믿음을 보시고 고쳐주셨습니다(42-43절). 끈질긴 믿음의 기도는 기적을 일으킵니다. 어떤 어려움에도 절망하지 않는 믿음의 기도는 기적을 경험하고 예수님을 따르는 제자가 되게 합니다. 지금 믿음의 기도를 통해 참된 제자의 삶을 살기 원하십니까?

말씀 다지기 |

바리새인은 거짓 경배로 오히려 자신을 경배하는 모습을 보여줍니다. 또한 예수님은 참된 회개가 무엇인지를 가르쳐 주십니다. 그는 하나님 나라에 가까운 사람입니다. 어린 아이들과 같이 연약한 사람들, 세리와 같이 죄인 취급받던 사람들이 오히려 하나님 나라에 가까운 자들입니다. 세상의 소유는 많으나 하나님 나라를 소유하지 못한 슬픈 자가 되지 말아야 합니다. 구약성경에 나타난 예수님의 죽음과 부활에 대한 예언은 성취되었고, 그것을 믿고 동참하는 자들은 하나님 나라에 가까운 자들입니다. 비록 맹인이며 가난한 자라도 '믿을 때' 그는 하나님 나라에 가까운 자입니다.

찬양 | 563장 예수께로 가면 (통일 411장)

기도 | 겸손하게 예수님을 믿고 하나님의 백성이 되게 하소서.

| 나눔노트 |

36. 예수님을 기다리는 사람들

본문 읽기
누가복음 19:1-27절

본문 배경 |

십자가를 지기 위해 예루살렘으로 올라가시는 예수님은 마지막으로 여리고를 경유하십니다. 여리고는 예루살렘에서 걸어서 하룻길로 요단 동편에서 예루살렘으로 가는 길에 위치한 상업의 중심지였습니다. 이곳에는 당시 큰 세관이 있었는데 삭개오는 이곳의 세리장이었습니다. 여리고에 들어가신 예수님은 삭개오를 만나주십니다. 삭개오를 통해서 이 세상에 오신 목적을 밝히신 예수님은 자신이 예루살렘에 입성하는 것의 의미를 오해하는 사람들에게 '열 므나 비유'를 말씀하십니다. 사람들은 예수님이 예루살렘에 들어가면 지상에 메시아 왕국을 세워 곧 하나님 나라가 나타날 것이라고 생각하였기 때문입니다.

본문 관찰 및 나눔 |

(1) 삭개오는 어떤 사람입니까(2-3절)? 그는 예수님을 보기 위해서 어떻게 합니까(4절)?

세리들은 요즘 개념으로 하면 세무공무원에 해당하는 사람들입니다. 백성에게 세금을 거두어 로마 정부에 바쳤는데, 그 과정에서 부당 이익을 취했습니다. 삭개오 역시 이런 방법으로 부자가 된 사람이었습니다. 세리장이라는 신분은 그가 어떤 인생을 살아왔는지 짐작하게 합니다. 누구나 예수님을 믿기 전에는 방황하며 헛된 것을 구하며 삽니다. 예수님을 만나기 전 나의 삶은 어떠했는지 나누어 봅시다.

(2) 나무 위에 있는 삭개오에게 예수님은 무슨 말씀을 하십니까(5절)? 이에 삭개오는 어떻게 반응합니까(8절)? 삭개오의 결단에 예수님은 어떤 축복의 말씀을 하십니까(9-10절)?

예수님이 삭개오의 집에 묵겠다고 하자 삭개오는 자신을 영접하신 예수님으로 인해서 놀라운 결단을 합니다. 자신을 위한 재물을 모으며 살아 온 그였지만 이제 그 재물을 가지고 계명에 순종하는 길을 택합니다. 계명을 충실하게 지켰으나 재물을 소중히 여겨 결국 제자의 길로 나가지 못한 부자 관원(18:18-23)과 대조되는 모습입니다. 그러자 예수님은 삭개오의 반응이 구원의 증거이며, 죄인 한 사람의 회개(15:7)이기에 그가 하나님의 참된 백성이 되었다고 선언하십니다. 손 내미는 예수님으로 인해 변화된 삭개오처럼 예수님을 만나는 사람들은 변화됩니다. 나는 주님을 만난 후 어떤 부분이 변했는지 이야기해 봅시다.

(3) 예수님은 왜 열 므나 비유를 말씀하십니까(11절)?
한 므나를 받은 첫 번째 종, 두 번째 종, 세 번째 종의 결산 결과는 무엇입니까(16, 18, 20-21절)? 이들에 대한 주인의 반응은 무엇입니까(17, 19, 22-24절)?

왕위를 받아서 온 귀인은 이 세상에 만왕의 왕으로 다시 오실 예수님을 가리킵니다. 한 므나를 받았던 종들은 재림을 기다리는 성도들을 가리킵니다. 종들의 모습은 성도인 우리에게 자신만의 책임과 역할이 있음을 알려줍니다. 내가 오늘 충성해야 할 지극히 작은 것은 무엇일까요?

말씀 다지기 |

삭개오의 이야기는 구원 얻은 성도의 삶이 어떠해야 하는지를 보여줍니다. 예수님은, 우리가 당신이 내미시는 손을 붙들고 삭개오처럼 담대한 실천을 하기 원하십니다. 하나님의 백성이자 새로운 피조물이란 정체성과 신분을 갖게 된 우리는 이 실천을 통해 그 정체성과 신분을 더 분명하게 인식하게 됩니다. 열 므나 비유에서 착하고 충성된 종은 다시 오실 주님을 기다리는 사람의 올바른 태도를 보여줍니다. 우리는 악한 태도로 게으르게 살았던 종처럼 되지 말아야 합니다. 그대신 작은 것에 충성했던 착한 종처럼 자신이 받은 것을 최대한 선용해야 합니다.

찬양 | 347장 허락하신 새 땅에 (통일 382장)

기도 | 예수님을 기다리며 그분의 뜻을 따라 사는 우리가 되게 하소서.

| 나눔노트 |

37. 예루살렘 입성과 멸망 예언

본문 읽기
누가복음 19:28-48절

본문 배경 |

9장 51절부터 시작된 예루살렘으로 향하는 예수님의 여정은 마지막으로 베다니, 벳바게, 감람산, 기드론 골짜기로 이어집니다. 이때 예수님은 제자들을 시켜 자신이 타고 갈 나귀 새끼를 데려오게 하십니다. 예수님의 예루살렘 입성 시 나귀 새끼를 타고 가는 것은 구약 예언(스가랴 9:9)의 성취입니다. 예루살렘 성에 가까이 오신 예수님은 성을 보고 우십니다. 그 성의 멸망을 내다보셨기 때문입니다. 성전에 들어오신 예수님은 성전 이방인의 뜰에서 장사하는 자들을 내쫓으십니다. 성전의 참된 기능을 회복하기 위함입니다.

본문 관찰 및 나눔 |

(1) 예수님은 제자들에게 어떤 방법으로 나귀새끼를 데려오라고 하십니까(30-31절)? 제자의 온 무리는 어떻게 반응하며(35-38절), 바리새인들은 어떻게 반응합니까(39절)?

예수님이 나귀 새끼를 타신 데에는 두 가지 뜻이 있습니다. 하나는 예수님이 스가랴에 예언된 왕이며, 다른 하나는 그분이 구원을 베푸는 겸손한 왕이라는 사실입니다. 제자들과 무리는 그 예수님께 왕에 대한 예우를 갖추며 찬양합니다. 반면에 몇몇 바리새인들은 무리의 그런 행동을 못마땅하게 생각합니다. 서로 다른 반응은 예수님께 대한 나의 태도를 돌아보게 만듭니다. 예수님을 맞이하며 찬양하는 요즘 나의 모습은 어떤지 나누어 봅시다.

(2) 성에 가까이 오시는 예수님은 어떤 반응을 보이십니까(41절)? 예루살렘이 맞이할 운명은 무엇입니까(43-44절)?

예루살렘은 '평화(살렘)'의 뜻이 담긴 이름입니다. 그런데도 예루살렘은 참 평화의 왕으로 오시는 예수님을 배척합니다. 주후 70년, 예루살렘은 로마의 디도 장군에 의해 멸망하며 수많은 사람이 살육당합니다. '보살핌을 받는 날(예수님의 예루살렘 입성)'을 알지 못했기 때문입니다. 그래서 예수님은 우십니다. 오늘날에도 예수님은 우리에게 가까이 오셔서 우리의 모습을 바라보십니다. 혹시 예수님이 우실만한 요소들이 나에게 있는지 생각해 봅시다.

(3) 성전에서 어떤 일이 벌어지고 있습니까(45절)?

예수님은 어떻게 반응하시며 어떤 말씀을 하십니까(45-46절)?

유월절이 가까우면 성전 이방인의 뜰은 제물과 용품을 판매하는 상인들, 그리고 그것을 사려는 사람들로 북적댔습니다. 그 뒤에는 판매자들과 제사장의 뒷거래가 있었고, 그 피해는 일반 백성들이 고스란히 떠안았습니다. 예수님은 성전이 본래의 기능에서 벗어나 변질된 것을 보시고 장사하는 자들을 내쫓으십니다. 46절은 이방인이 주를 섬긴다는 이사야의 말씀(사 56:6-7)과 온갖 죄를 지으면서도 성전 예배를 드리는 백성을 책망하는 예레미야 말씀(렘 7:9-11)이 동시에 인용된 말씀입니다. 이런 안타까운 현실은 현재도 일어날 수 있습니다. 지금 우리 교회가 하나님의 집으로 다시 회복해야 할 일은 무엇인가요?

말씀 다지기 |

예수님을 환호한 무리들과 그것을 싫어한 바리새인들은 성도가 해야 할 올바른 선택을 생각하게 만듭니다. 그 바리새인들의 상당수는 결국 예수님을 배척하고 십자가에 못 박았으며 부활한 후에도 끝까지 믿지 않습니다. 그로 인해 평화의 성읍이 완전히 멸망 당합니다. 성전은 그 역할을 상실하였고 그 중심에 부패한 종교 지도자들이 있습니다. 교회는 하나님의 집(딤전 3:15)으로서, 그 본래의 기능과 역할로 돌아가야 합니다. 기도를 회복하며 진리를 드러내야 합니다.

찬양 | 534장 주님 찾아 오셨네 (통일 324장)

기도 | 예수님을 맞이하여 교회의 본질을 회복하는
우리 되게 하소서.

| 나눔노트 |

38. 예수님의 권위

본문 읽기
누가복음 20:1-19절

본문 배경 |

예루살렘에 들어가신 예수님이 보여주신 행동과 가르침은 예루살렘의 종교 당국자들을 당황스럽게 합니다. 그러자 그들은 예수님을 죽이려고 꾀하지만 많은 백성이 예수님에게 귀를 기울이므로 쉽게 방법을 찾지 못합니다(20:47-48). 그래서 그들은 사람들을 예수님으로부터 떼어내기 위해 곤혹스러운 질문을 던지며 예수님을 공격합니다.

본문 관찰 및 나눔 |

(1) 예수님께 대한 지도자들의 질문은 무엇입니까(2절)? 예수님은 어떻게 대답하십니까(3-4절)? 그들은 어떻게 대답합니까(5-7절)?

당시 사두개인인 대제사장들은 총독의 임명을 받아 유대교 수장의 권위를, 바리새인인 서기관들은 율법을 가르칠 수 있는 권위를, 장로들은 공동체의 문제들을 해결하는 권위를 가지고 있었습니다. 이들은 과거에 하나님이 보내신 세례 요한을 받아들이지 않았고, 이번에는 하나님이 주신 참 권위를 가진 예수님을 알아보지 못합니다. 인간의 권위에 갇혀 참 권위를 놓치고 있는 것입니다. 우리는 참된 권위를 가진 예수님께 우리 자신을 내려놓아야 합니다. 나는 주님께 내 자신을 내려놓았는지 나누어 봅시다.

(2) 소작농인 포도원 농부들은 주인이 보낸 종들을 어떻게 합니까(10-12절)? 주인의 아들을 어떻게 대합니까(14-15절)? 결국 포도원 주인은 어떤 결정을 내립니까(16절)?

이 비유에서 포도원 주인은 하나님, 포도원은 이스라엘, 농부들은 종교 지도자들, 종들은 선지자들, 아들은 하나님의 아들인 예수님을 상징합니다. 농부들은 너무나 어리석어 포도원을 자신들의 소유로 만들기 위해 상속자인 아들을 죽입니다. 이 이야기는 농부들의 진멸로 끝나고, 포도원은 '다른 사람들'에게 주어집니다. 다른 사람들은 병행 본문(마 21:43)을 생각해 볼 때 새로운 이스라엘을 가리킨다고 볼 수 있습니다. 곧 복음에 순종하는 진정한 하나님의 백성들입니다. 이 이야기를 통해 나에게 농부들처럼 끝까지 하나님을 거역하는 모습은 없는지 생각해 봅니다. 그런 부분이 있다면 이야기해 봅시다.

(3) 예수님은 어떤 말씀을 인용하십니까(17절)? 그 돌은 어떤 힘을 가지고 있습니까(18절)?

예수님이 인용하신 시편 말씀(시 118:22)은 본래 시인의 대적자들이 그를 에워싸고 넘어뜨리려 하였으나 하나님의 구원하심으로 시인이 하나님을 찬양한 내용입니다. 그래서 건축자가 버린 쓸모없는 돌 같은 존재가 모퉁이의 머릿돌과 같은 귀하고 영광스러운 존재로 변합니다. 이 말씀은 예수님이 십자가에서 처형되지만 부활을 통해 참 권위를 가짐으로 존귀하게 될 것을 예언한 것입니다. 그리고 이런 변화는 예수님을 믿는 사람들에게도 일어납니다. 쓸모없어 버려진 사람들이 꼭 필요한 존귀한 사람들이 됩니다. 하나님이 그렇게 만드십니다. 우리는 자신이 존귀하고 새로운 존재가 된 것을 알아야 합니다. 나는 지금 어디에 쓸모 있는 사람입니까? 믿음으로 고백해 봅시다.

말씀 다지기 |

예수님은 종교 지도자들에 의해 죽습니다. 그러나 하나님이 다시 살리심으로 예수님은 천하 만물이 그 앞에서 무릎을 꿇는 진정한 권위자가 되십니다. 진정한 권위를 가진 예수님께서 모퉁이의 머릿돌이 되고 그 기초 위에 새로운 집이 세워집니다. 이 새로운 집은 유대인만의 것이 아니라 유대인과 이방인이 함께 세워져 가는 집입니다(엡 2:22). 이 예수님의 권위를 알고 예수님께 순종하면 생명이 주어집니다. 그러나 반대의 경우에는 멸망이 따릅니다. 예수님의 권위에 순종하는 사람, 그가 성도입니다.

찬양 | 449장 예수 따라가며 (통일 377장)

기도 | 예수님의 권위 앞에 겸손히 경배하며 순종하는 삶을 살게 하소서.

| 나눔노트 |

39. 논쟁을 통해 드러나는 진리

본문 읽기
누가복음 20:20-44절

본문 배경 |

유대인들이 납부하는 인두세에 사용된 데나리온에는 황제의 초상화와 그를 '하나님의 아들'이라고 표현한 글귀가 있었습니다. 유대인들은 로마의 종속화를 의미하는 이 세금 납부를 아주 싫어했고 그것은 정치적으로 민감한 문제가 되었습니다. 바리새인들은 이 세금 납부를 논쟁의 주제로 택하여 예수님을 잡으려고 합니다. 바리새인들과 함께 이스라엘의 주요 종파였던 사두개인들은 부활을 논쟁거리로 삼습니다. 이들의 두 질문에 멋진 대답을 하신 예수님은 이제 먼저 논쟁을 제기하십니다.

본문 관찰 및 나눔 |

(1) 예수님께 대한 정탐꾼들의 질문의 목적과 내용은 무엇입니까 (20, 22절)? 예수님은 어떻게 대답하십니까(24-25절)?

예수님은 '가이사의 것은 가이사에게 바치라'고 말씀하여 그의 통치 권위와 세금 부과를 인정하십니다. 그러나 예수님은 더 넓은 통치의 권위를 알려주시고자 '하나님의 것은 하나님께 바치라'고 말씀하십니다. 가이사를 포함한 모든 것의 주인은 하나님이시기에 결국 하나님께 만물을 바쳐야 합니다. 특별히 하나님의 형상으로 창조된 우리는 참 권세자인 하나님께 우리의 존재 자체를 드려야 합니다. 나는 요즘 나를 어떻게 주님께 드리고 있는지 나누어 봅시다.

(2) 신명기 25장 5절을 바탕으로 사두개인들이 가정한 7형제의 이야기를 말해봅시다(29-32절). 그들은 예수님께 무엇을 질문합니까(33절)? 예수님의 대답은 무엇입니까(34-38절)?

예수님 당시 사두개인들은 제사장 계급으로 부와 권력을 움켜쥐고 있었습니다. 그들은 바리새인들과는 달리 모세오경의 권위만을 인정하였고 부활과 천사를 믿지 않았습니다. 부활을 부정하려는 그들은 7형제의 이야기를 가정으로 내세워 부활이 있으면 이런 해결할 수 없는 상황이 발생한다고 주장합니다. 예수님은 사두개인들이 인정하는 모세오경(출 3:1-6)에서 부활의 증거를 채택하십니다. 만약 죽은 자의 부활이 없다면 '하나님은 아브라함의 하나님이었다'라고 했을 것입니다. 그러나 하나님은 죽은 자의 하나님이 아니라 부활해서 살아 있는 자의 하나님이십니다. 여러분은 부활을 믿습니까? 언제 부활 신앙을 실제적으로 갖게 되었는지 이야기해 봅시다.

(3) 예수님이 인용하신 시편 말씀은 무엇입니까(42-43절)? 44절에 나오는 예수님의 질문에 무엇이라고 답할 수 있을까요?

다윗 언약(삼하 7:12-16)은 '다윗의 자손 중 한 사람을 통해 그의 나라가 영원하리라'는 내용입니다. 후대인들은 그 한 사람을 그리스도로 부르며 '그리스도가 이 땅에 세울 메시아 왕국'을 기다립니다. 예수님은 시편 110편 1절을 인용하여 그리스도, 즉 자신에 대하여 더 구체적으로 설명하십니다. 예수님은 부활 후 하나님 우편에 앉으시고 모든 이름 위에 뛰어난 주님이 되어 온 세상을 다스리십니다(빌 2:9-10). 그리고 마침내 이 땅에 재림하여 원수를 그 발 아래에 복종시킬 것입니다. 우리가 믿는 예수님은 이렇게 위대한 분이십니다. 우리의 삶에 혹시 두렵고 염려되는 문제는 무엇입니까? 주님 앞에 그것은 아무 것도 아니라고 선포하는 시간을 가집시다.

말씀 다지기 |

보좌 우편에 앉으신 주님은 성취, 통치 그리고 원수에 대한 최종적인 승리를 보여줍니다. 다윗은 예수님이 오시기 약 천 년 전 성령의 감동으로 이것을 봅니다. 우리도 믿음의 눈으로 하나님 우편에 앉아 계신 예수님을 바라보며 그분께 감사와 경배를 드려야 합니다. 온 세상에 대한 그분의 주권을 믿으며 내 삶의 왕으로 모셔야 합니다.

찬양 | 복음성가 '당신은 영광의 왕'

기도 | 우리의 모든 것을 하나님께 바치며 주님을 바라보게 하소서.

| 나눔노트 |

40. 주께 드리며 인내하라

본문 읽기
누가복음 20:45-21:19절

본문 배경 |

서기관들은 율법을 해석하고 가르치는 사람으로 율법사, 랍비 등으로 불리기도 합니다. 그들의 겉모습은 거룩하고 종교적이었으며 사람들의 존경과 칭찬을 받았습니다. 그러나 예수님은 그들의 위선과 외식을 잘 아시고 그들을 조심하라고 경고하십니다. 이런 서기관들의 외식과 대비되는 가난한 과부의 헌금은 독자들에게 감동을 줍니다. 예수님은 성전에서 마지막으로 성전의 파괴와 예루살렘의 멸망 그리고 종말을 가르치십니다.

본문 관찰 및 나눔 |

(1) 예수님이 말씀하시는 서기관들의 특징은 무엇입니까(46-47절)?
그들은 나중에 어떻게 됩니까(47절)?

서기관들은 스스로 높은 체하며 남들이 알아주고 인정해주는 것을 좋아합니다. 이들은 사람으로부터 오는 칭찬을 구하며 자만심과 허세 그리고 우월감에 잡혀 있습니다. 과부의 가산을 삼키는 행위는 하나님께 대한 경외가 없고 탐욕에 눈 먼 그들의 모습을 잘 보여줍니다. 예수님은 이런 자들이 더 엄중한 심판을 받으리라고 경고하십니다. 우리는 예수님의 이런 경고를 진중하게 받아들여야 합니다. 우리 역시 신앙생활하면서 자신을 괜찮은 사람으로 포장하는 것은 아닌지, 사람의 칭찬을 구하며 외식하는 것은 아닌지 살펴야 합니다. 지금 내 삶에서 위선과 외식의 유혹을 가장 많이 받는 영역은 무엇인가요? 곰곰이 생각해 보며 나누어 봅시다.

(2) 예수님은 가난한 과부의 헌금을 어떻게 평가하십니까(3절)?
그렇게 말씀하시는 이유는 무엇입니까(4절)?

예수님은 이방인의 뜰에 있는 헌금함 앞에서 가난한 과부가 두 렙돈 넣는 것을 보십니다. 한 렙돈은 한 데나리온(노동자의 하루 임금)의 128분의 1로 정말 적은 액수입니다. 그런데 예수님은 이 가난한 과부가 가장 많이 넣었다고 말씀하십니다. 사람들은 일반적으로 헌금의 액수를 중요시하지만 예수님은 액수 자체를 보지 않으십니다. 헌금한 사람의 상황과 그 마음까지 보십니다. 어떤 사람은 생활에 큰 지장을 주지 않는 범위 내에서 헌금하고, 어떤 사람은 마지막 남은 생활비를 헌금합니다. 항상 생활비 전부를 헌금할 수는 없습니다. 중요한 것은 헌금하는 내 마음과 그것의 표현 방법입니다. 나는 요즈음 어떻게 헌금 생활을 하고 있는지 이야기해 봅시다.

(3) 예수님이 말씀하신 성전의 멸망 전 징조, 더 나아가서 재림의 징조는 무엇입니까(8-17절)? 주님은 어떻게 그 제자들을 보호하십니까(18절)? 성도들에게 요구되는 것은 무엇입니까(19절)?

성전의 흰 대리석과 금으로 장식된 건물은 유대인들의 자랑거리였습니다. 그러나 예수님은 성전의 파괴를 예언합니다. 그러자 사람들은 '그 때와 징조'에 대해서 묻습니다. 주목할 것은 예수님의 대답에는 예루살렘의 멸망과 종말의 징조가 혼재한다는 점입니다. 거짓 메시아의 출현, 전쟁과 난리, 국제적인 대립과 지진, 기근, 전염병 그리고 자연의 징조들이 나타납니다. 주의 제자들은 잡혀가고 끌려갈 것입니다. 그러나 오히려 이 일은 예수님을 증거 하는 기회가 될 것입니다. 많은 사람들은 '지금이 마지막 때'일 수 있다고 합니다. 위에 언급된 특징들을 찾아 나누어 봅시다.

말씀 다지기 |

예수님은 마지막 때에도 성도들의 영혼을 끝까지 지키십니다. 이때 주님을 따르는 자들은 인내함으로 영혼을 얻습니다. 즉 구원을 받습니다. 신실하신 하나님의 사랑 이면에는 성도의 순종과 인내가 필요합니다. 우리는 종말의 징조를 잘 분별하며 나에게 주어진 고난의 길을 주께 대한 신뢰로 걸어가야 합니다. 그리고 인내하고 또 인내해야 합니다.

찬양 | 176장 주 어느 때 다시 오실는지 (통일 163장)

기도 | 외식을 버리며 끝까지 참된 헌신과 인내의 길을 걸어가게 하소서.

| 나눔노트 |

41. 기도하며 깨어 있기

본문 읽기
누가복음 21:20-38절

본문 배경 |

예수님은 본문의 말씀에서 예루살렘의 멸망을 넘어선 재림의 징조(5-33절)와 재림을 소망하는 사람이 가져야 할 자세(34-36절)에 대해 말씀하시고 있습니다. 따라서 예수님을 따르는 사람들은 영광스런 주님의 재림의 징조에 주의하면서, 이 세상에 너무 집착하지 말고 오직 하나님 나라를 소망하며 살아야함을 권면하고 있습니다.

본문 관찰 및 나눔 |

(1) 예수님은 유대인들이 보는 아름답고 웅장한 예루살렘 성전이 하나님의 심판으로 파괴될 것을 예언하시면서 그날에 있을 일들에 대해 좀

더 구체적으로 설명해 주십니다(21-24절). 여기서 우리는 시공간을 초월하여 40년 뒤에 일어날 이스라엘의 멸망을 미리 보시고 유대인들의 외형적인 신앙의 결말을 예고하시는 예수님의 선견적 지혜를 엿보게 됩니다.

혹시 나는 장래와 미래가 불안할 때 어떤 방법을 찾고 의지하고 있습니까? 우리는 정말 예수님과 성경말씀의 지혜를 의지하고 있는지 나누어 봅시다.

(2) 예수님은 다가올 '성전과 예루살렘의 파괴'에 대해 경고하신 뒤 이제 보다 먼 미래로 화제를 돌려 자신의 재림을 예언하십니다(25-38절). 만물의 완성과 자신의 재림에 대한 가르침과(25-28절), 무화과나무의 비유를 통한 재림의 임박성을 암시합니다(29-30절). 우리와 우리 교회는 시대의 징조를 잘 분별하고 있습니까?

(3) 예수님은 재림에 대한 두 가지 경고로 오늘 본문의 말씀을 마무리하고 있습니다. "스스로 조심하라", "깨어 있으라"는 두 가지 경고는 인자가 오시고(27절) 하나님 나라가 완전히 임하는(31절) 그 날을 위해 준비하며 변함없이 신실할 것을 요구합니다. 그리고 그 신실함은 우리의 기도생활로 표현이 됩니다.

나는 스스로 조심하고, 깨어 있습니까? 우리 교회는 스스로 조심하고, 깨어 있습니까? 나와 우리교회는 기도하고 있습니까? 기도하며 깨어있는 개인과 공동체가 되기 위한 실제적인 방법에 대해 나누어 봅시다.

말씀 다지기 |

예수님은 이제 자신의 십자가 죽음을 3일 남겨두시고 자신의 가르치는 사역을 끝맺음하시며 강론하십니다. 예수님은 자연 현상을 보고 계절의 변화를 느낄 줄은 알지만 이 시대의 징후들을 보면서도 하나님 나라가 가까운 줄을 깨닫지 못하는 이들을 향해 '시대의 징표를 깨달아 알라'고 말씀하십니다. 무서운 일과 하늘로서 내려오는 큰 징조들이 있을 것임을 말씀하시며 그 때에 믿는 이들은 온전할 것임도 말씀하십니다. 머리털 하나도 상치 않도록 이끄시겠다는 하나님의 의도를 전하십니다. 그러면서 믿는 이들이 방탕하지 말고 기도하고 깨어있어서 하늘의 때를 기다리며 경건에 힘쓸 것을 명령하십니다. 종말을 맞게 될 우리 그리스도인들이 깨어서 준비하지 않으면 너무나 많은 이들이 안타까운 일들을 당하게 될 것입니다. 또한 종말을 맞게 될 우리 그리스도인들이 기도하고 깨어있지 못한 채 심판받는 일이 없어야 합니다.

찬양 | 179장 주 예수의 강림이 (통일 167장)

기도 | 재림의 주님을 바라보며 영적으로 깨어 기도하는
일을 쉬지 않게 하소서.

| 나눔노트 |

42. 유월절의 완성: 새 언약

본문 읽기
누가복음 22:1-23절

본문 배경 |

예수님을 제거하려는 세력들은 자신들의 가장 위대한 구원을 기억하며 축하하는 유월절에 구원자이신 예수님을 죽일 음모를 계획합니다. 반면 예수님은 그 시간에 그들을 구속하는 유월절 어린양으로 죽으실 준비를 하십니다. 예수님은 유월절 최후의 만찬을 제자들과 함께 나누면서 유월절의 참 의미를 보여주십니다. 이스라엘 백성이 애굽에서 구원받은 날은 예수님의 고난과 십자가 사건을 통해 새 언약을 이루는 온전한 구원의 날로 완성됩니다.

본문 관찰 및 나눔 |

(1) 사탄은 하나님의 구속 사역을 완성하실 예수님을 죽이기 위해서 계속 노력하였습니다. 외부적으로는 대제사장들과 서기관들의 음모를 통해서, 내부적으로는 사탄이 유다의 마음에 들어가 유다로 하여금 스승인 예수님을 팔고자 하는 마음을 갖게 만들었습니다(3절). 유다가 이에 동조하자 자신들을 대신해서 군중의 비난을 받을 대상이 생겼기에 유대 종교지도자들은 뛸 듯이 기뻤습니다(5절). 그리고 유다와 함께 예수를 팔아넘길 계약을 맺고 예수님을 죽일 기회를 찾았습니다(6절). 그러나 아직 하나님께서 허락하신 때가 이르지 않았습니다. 사탄의 거대한 음모도 하나님의 섭리 아래 있습니다. 나는 살아가면서 때로는 사탄과 악이 승리하는 것 같아 보일 때도 모든 것이 하나님의 섭리 가운데 있음을 믿고 인정합니까?

(2) 유월절이 이스라엘 백성들이 애굽의 지배에서 해방된 날이었습니다. 이처럼 예수님은 유월절을 기점으로 친히 '유월절 어린양'이 되셔서 사탄과 죄의 종노릇하는 그의 백성들을 해방시키시고 구원하시기로 결정하셨습니다. 예수님은 먼저 유월절을 기념하기 위해 유월절 식사를 하는 유대인들의 관습에 따라 제자들에게 식사를 준비시키십니다(7-13절). 예수님은 제자들과 함께 가족의 잔치인 유월절 식사를 나누심으로써 그들을 한 가족으로 만드셨습니다. 그리고 유월절의 어린양처럼 십자가 위에서 자기 백성들을 죄로 인한 죽음에서 구원하시기 위

해 피 흘려 죽으실 것을 나타내십니다. 내 모든 죄를 구속하시고 하나님의 새 가족으로 부르신 은혜와 사랑을 우리의 예배와 모임 가운데 얼마나 감사하고 있습니까? 우리 공동체가 단순한 만남이 아니라 십자가에서 피 흘려 죽으셔서 새 언약을 세우신 예수님을 공유한 유월절 공동체임을 기억하며 감사하고 있는지 생각을 나누어 봅시다.

(3) 예수님은 제자들을 위하여 몸과 피를 주시며 '이를 행하여 기념하라'고 하십니다. 유월절에 먹는 어린양의 고기는 예수님이 십자가에서 우리를 위해 찢기실 살로, 어린양이 흘린 피는 예수님의 피로 그 실체를 드러내었습니다. 성찬식에 참여할 때 십자가에서 목숨을 내어 주실 만큼 나를 사랑하신 예수님을 깊이 묵상하고 있습니까?

말씀 다지기 |

예수님께서 유월절에 성만찬 예식을 제정하신 목적은 '이를 행하여 나를 기념하라' 곧 주님을 기억하게 하기 위함입니다. 성만찬은 주님께서 자신의 사역의 중심이 어디 있다고 생각하시는지를 지속적으로 보여주는 증거입니다. 우리는 주님이 다시 오시는 그 날까지 친히 유월절 어린양으로 십자가에서 돌아가셔서 새 언약을 세우신 주님의 죽으심을 기억해야 합니다. 주의 죽으심은 복음의 핵심이며, 이 예식이 주님의 죽으심을 말하여 주를 기억하게 할 것이고 '주의 죽으심을 그가 오실 때

까지 전할(고전11:26)' 것입니다.

찬양 | 265장 주 십자가를 지심으로 (통일 199장)

기도 | 나(우리)를 위해 몸과 피를 내어주신 주님,

나(우리)의 삶의 흘러가는 매순간 마다 주님의

약속을 새겨보는 삶이 되게 하소서.

| 나눔노트 |

43. 예수님과 제자들의 시험: 기도

본문 읽기
누가복음 22:24-46절

본문 배경 |

최후의 만찬을 마친 후 제자들은 십자가 죽음 앞에 계신 예수님의 장엄하고 엄숙한 분위기와는 달리 서로 누가 큰 가에 대해서 다툼을 벌이고 있습니다(24-34절). 이 광경을 목격하신 예수님은 제자들 앞에 펼쳐질 미래에 대해서 설명하십니다(35-38절). 그리고 예수님은 온 인류의 죄를 대신하여 죽으시는 문제로 감람산에서 하나님 아버지께 간절히 기도하십니다(39-46절).

본문 관찰 및 나눔 |

(1) 제자들은 예수님께서 성찬을 통해서 자신의 죽음과 한 제자의 배신

을 가르치시는 와중에도 '누가 크냐?' 하는 문제로 다투고 있습니다. 이는 세상 지도자들의 생활방식 이었습니다. 하지만 예수님은 자신을 따르는 제자들을 섬기기 위해 십자가를 지고 죽으실 것입니다(27절). 그리고 제자들도 섬기는 사람이 되기를 바라십니다. 하나님 나라의 법칙인 섬김의 태도 없이는 결코 새 언약의 공동체가 든든히 세워질 수 없기 때문입니다. 나는 공동체의 일꾼으로서 섬기기보다 통제하고 지배하기를 더 좋아하지 않습니까?

(2) '이제는 전대 있는 자는 가질 것이요', '검 없는 자는 겉옷을 팔아 살지어다.'(36절) 예수님은 곧 닥쳐올 위기를 생각하시면서 사탄의 때(53절)을 대비하여 제자들이 신령한 검 곧 하나님의 말씀으로 무장할 것을 말씀하십니다. 또한 예수님은 예언대로 '불법자의 동류'로 여김을 받으십니다(사52:13). 따라서 예수님 때문에 그 동안 백성들에게 존경을 받았던 제자들도 불법자로 취급을 받고, 백성들에게 미움을 받으며, 고난 받을 것을 예상해야 합니다. 나와 교회 공동체는 주님을 따르기 때문에 불명예스러워지는 것을 감당할 수 있습니까? 그리고 좋지 않은 삶의 현장과 선교(복음전도)의 상황에서도 신령한 검 곧 하나님의 말씀으로 더욱 무장되어 가고 있습니까?

(3) 예수님은 늘 하시던 대로 감람산에서 기도하십니다. 후에 가룟 유다가 예수님을 잡으러 이곳을 찾아온 것을 봐도 알 수 있습니다. 위기

의 순간에 흔들리지 않고 하나님의 뜻에 순종하는 것은 경건한 '기도의 습관'이 있어야 가능합니다(39-40절). 제자들은 예수님을 따라 감람산에 가긴 했지만 기도하는 습관까지 따르지는 못했습니다. 오늘 나는 어떻습니까? 묵상과 기도를 통해 하나님 아버지와 교제하시는 예수님의 습관을 따라가고 있습니까?

말씀 다지기 |

제자들은 예수님께서 십자가의 죽음을 예시하신 최후의 만찬에 참여한 직후에 하나님 나라에서 누가 더 큰가에 대해서 다투었습니다. 그때 예수님께서는 하나님 나라에 대해 무지한 제자들에게 세상의 질서와는 전혀 다른 하나님 나라의 새로운 질서에 대해 가르치셨습니다. 그것은 바로 하나님 나라에서는 '섬기는 자'가 큰 자라는 사실입니다. 그 모델이 바로 예수님이십니다. 여기에서 예수님께서 십자가에 달리신 의미를 찾을 수 있습니다. 그는 섬기는 자로 이 세상에 오셔서 자신의 생명을 대속물로 주시기까지 섬기셨습니다(막 10:45). 섬기는 자로서의 앞날은 제자들이 원하든지, 원하지 아니하든 간에 그들 앞에 놓여 있었습니다(35-38절). 그 섬김의 길은 예수님께서 감람산의 기도에서 교훈하듯이, 고통 가운데서도 하나님 아버지의 뜻에 끝까지 순종함으로 나아가신 예수님처럼, 하나님 아버지를 전적으로 신뢰하는 기도로만 가능한 길입니다. 기도는 하나님과의 연합(Union with God) 그 자체입니다.

찬양 | 457장 겟네마네 동산의 (통일 510장)

기도 | 어떤 시련도 잘 견디고 이길 수 있도록 영적인 잠에서 깨어나 항상 기도하게 하소서.

| 나눔노트 |

44. 진정한 삶과 죽음

본문 읽기

누가복음 22:47-71절

본문 배경 |

예수님을 잡으러 온 대제사장들과 성전의 경비대장들과 장로들의 계획이 유다의 배신을 통하여 실행되고 있습니다. 그 때 준비되지 않은 제자들은 크게 당황하여 무력으로 대응합니다. 유대 종교 지도자들은 예수님을 신성 모독죄로 사형시키기 위해 계속해서 예수님이 그리스도이신지를 질문합니다. 이는 예수님의 정체에 대해 알고 싶어서가 아니라 자신들의 욕구를 만족시키기 위함이었습니다.

본문 관찰 및 나눔 |

(1) 가롯 유다는 입맞춤으로 유다 본인을 비롯한 모든 죄인들을 위

하여 자기 목숨을 바치게 해달라고 기도하신 예수님을 돈 몇 푼에 팔아넘깁니다. 유다와 함께 온 '한 무리'는 어떤 사람들이며, 대제사장의 종의 오른쪽 귀를 칼로 친 제자와 모든 제자들에게 예수님이 하신 말씀과, 그 의미는 무엇입니까(47-48, 51-53절)?

유다와 함께 온 '한 무리'는 대제사장들과 성전의 경비대장들과 장로들과 그 수하들입니다(52절). 예수님을 잡기 위해 '사탄의 세력'을 이끌고 온 유다가 예수님께 존경의 표시로 입을 맞추며 역겹고 가식적인 모습을 보입니다(48절). 혹시 나는 주님과의 관계를 내 이익과 욕심을 채우는 도구로 사용하지는 않습니까?

베드로는 대제사장의 종 '말고'의 오른쪽 귀를 칼로 쳐서 떨어뜨립니다(요 18:10). 그 때 예수님은 '이것까지 참으라' 말씀하시면서 그 귀를 만져 낫게 하십니다. 폭력은 폭력을 낳을 뿐입니다. 주님은 온유와 자비로 대하셨습니다.

이렇게 주의 말씀과 기도로 시험에 대처할 준비가 되지 않은 사람은 주님의 뜻을 거스르는 행동을 하기 쉽습니다. 나는 어떤 문제든지 말씀으로 점검하고 기도로써 주님의 인도를 구한 후에 실행에 옮기고 있습니까?

유대 종교 지도자들은 어둠의 세력, 사탄의 하수인 역할을 하며 예수님을 대적하고 있습니다. 그러나 결국 모든 어둠의 때와 권세는 하나님의 주권과 섭리 아래 있습니다(53절).

(2) 대제사장의 집에 '멀찍이' 예수님을 따라갔던 베드로는 닭 울기 전 주님을 몇 번이나 부인했습니까? 그 때 돌이켜 베드로를 보시는 주님의 '그 눈길'은 어떤 눈길이었을까요(56-60, 61절)?

베드로는 자신을 '예수님의 제자'라고 지적하는 세 사람의 말에 예수님을 모른다고 부인합니다(56-60절). 그 때 예수님은 자신을 세 번이나 강력하게 부인한 베드로를 돌이켜 보십니다(61절). 베드로는 '그 눈길'을 보고 주님의 경고가 생각나서 밖으로 뛰쳐나가 심히 통곡했습니다(62절).

예수님의 '그 눈길'은 베드로의 배신을 아파하시면서도 불쌍히 여기시는 '긍휼과 자비의 눈길'이었습니다. 그럼에도 불구하고 그를 용납하시고 용서하시는 '사랑의 눈길'이었습니다. 또한 예수님의 사랑을 생각나게 하는 '회복의 눈길'이었습니다. 나는 오늘, 말씀과 성령 안에서 주님의 '그 눈길'을 바라보고 있습니까? '그 눈길'을 통하여 넘어져도 다시 일어나고 있습니까?

(3) 대제사장의 집에서 예수님을 지키는 자들이 예수님을 희롱하고 때리며, 눈을 가리고 누가 쳤는지 알아 맞혀 보라고 놀립니다(63-65절). 산헤드린 공회에서 '그리스도'인지를 묻는 질문에 예수님은 무엇이라고 대답하십니까(67-70절)?

예수님은 '인자'가 하나님의 보좌 우편에 앉을 것이라고 우회적으로 대답하시고, '하나님의 아들'이냐를 묻는 질문에는 간접적으로 대답하십니다(67-70절).

유대 종교지도자들은 정치적인 협의를 뒤집어 씌워 예수님을 죽이겠지만, 예수님은 '그리스도'이시기에 죽게 될 것임을 이 재판은 보여줍니다. 나와 교회 공동체는 세상에 아무리 불의가 가득하고 어둠의 그림자가 드리운 것 같을지라도 예수님이 하나님 우편에서 세상과 교회를 통치하고 계심을 믿습니까?

말씀 다지기 |

감람산에서 하나님 아버지께 기도하시던 예수님은 가룟유다의 배신과 베드로의 부인과 유대 종교지도자들의 '어둠의 권세'에도 묵묵히 '그리스도'로서 새 인류의 탄생을 위해 십자가의 길, 죽음의 길로 향하십니다.

찬양| 311장 내 너를 위하여 (통일 185장)

기도 | 날마다 순간마다 주님의 사랑의 눈길에 사로잡혀 살게 하소서.

45. 온 인류(이방인과 유대인)가 살기 위해 예수를 죽임

본문 읽기
누가복음 23:1-25절

본문 배경 |

스스로의 힘으로 사형 권한이 없던 유대 지도자들은 예수님을 빌라도에게 끌고 가서 재판을 받게 합니다. 빌라도는 책임을 면하기 위해 예수님을 헤롯 왕에게로 보냅니다(1-7절). 헤롯은 예수님을 희롱하다가 빌라도에게 돌려보냅니다(8-12절). 예수님이 예루살렘에 입성하실 때 '호산나'라고 외쳤던 백성들은 바라바를 놓아주고 예수님을 십자가에 못 박으라고 소리칩니다. 결국, 빌라도는 예수님의 무죄를 알면서도 사람들의 소리에 눌려 예수님에게 십자가형을 언도합니다(13-25절).

본문 관찰 및 나눔 |

(1) 무리들이 총독 빌라도에게 예수님을 고발한 내용은 무엇입니까(2절)? 무리들의 강한 요구에 부담을 느낀 빌라도는 어떻게 합니까(6-7절)?

유대 지도자들은 자신들의 지도권과 종교체제를 위협하는 예수님을 제거하기 위해 로마에 대한 반역죄를 뒤집어씌웁니다. 종교적인 죄목만으론 충분하지 않기 때문에 정치적인 죄목을 만들었습니다. 빌라도가 유대인들이 고발한 죄목을 사실로 판단했다면 망설임 없이 예수님을 사형에 처했을 것입니다. 그런데도 그는 사람들의 눈치를 보며 자신의 책임을 헤롯에게로 떠넘기고 있습니다(1-7절). 혹시 나는 사람들과의 원만한 관계를 유지하기 위해 분명하게 처리해야 할 일을 대충 넘어가거나 남에게 떠넘기지는 않았는지 솔직하게 나누어 봅시다.

(2) 예수님을 만난 헤롯이 보인 반응과 그 이유는 무엇입니까(8-9절)? 예수님이 아무런 대답을 보이지 않자 헤롯은 어떻게 합니까(11절)?

헤롯은 자신이 관할하는 땅에서 여러 가지 이적과 활동으로 백성들 사이에 스타가 된 예수님이 어떤 사람인지 직접 보고 그의 이적을 구경하고자 했습니다. 하지만 헤롯은 예수님이 자신의 호기심을 채워주지 못하자 예수님을 희롱하며 빌라도에게 돌려보냅니다(8-12절). 혹시 내가 예수님을 찾는 이유도 구원을 얻고 인격적으로 교제하기보다, 이적을 구경하기 위해서는 아닙니까? 내가 예수님을 찾는 이유 중에 단순한 호기심이나 이기적인 이유가 있는지 생각해 보며 이야기해 봅시다.

(3) 예수님을 심문한 빌라도의 반응 세 가지(14, 20, 22절)와 이에 대한 사람들의 반응 세 가지는 무엇입니까(18, 21, 23절)? 최종적으로 빌라도는 어떤 결정을 합니까(24-25절)?

빌라도는 예수님의 무죄를 생각합니다. 하지만 유대인들의 비위를 맞추려고 즉시 석방하지 않고 때려서 놓겠다고 합니다. 빌라도는 결국 여론에 밀려 유월절 특사로 유대의 독립을 위해 민란과 살인을 저지른 바라바를 풀어주고 예수님을 십자가에 못 박는 결정을 합니다. 예수님의 예루살렘 입성을 열렬히 환영했던 백성들은 자신들의 욕망을 충족시켜 주지 않자 예수님으로부터 등을 돌리고 십자가에 못 박으라고 큰 소리로 재촉합니다. 내가 예수님을 찬양하고 환영하는 이유는 무엇입니까? 내가 기도한 기도 응답이나 현실 상황이 아닐 때 신앙의 갈등을 느낀 적이 있다면 나누어 봅시다.

말씀 다지기 |

빌라도, 헤롯 그리고 군중에 이르기까지 모든 사람들은 아들을 내어주신 하나님의 구속사역을 전혀 이해하지 못합니다. 그들은 단지 자신의 목전에 놓인 이익과 자기만족에 급급하여 모든 일을 처리합니다. 이렇게 예수님은 여러 차례의 재판 과정을 거쳐 최종적으로 사형을 선고 받으십니다.

찬양| 151장 만왕의 왕 내 주께서 (통일 138장)

기도 | 우리의 욕심 때문에 주님 대신 다른 것을 선택하는 어리석은 자가 되지 않게 하소서.

| 나눔노트 |

46. 왕이신 예수님의 십자가 선언

본문 읽기
누가복음 23:26-43절

본문 배경 |

체포되신 예수님은 사형을 선고받습니다. 예수님의 십자가형은 팔레스타인 안에 있던 로마와 유대의 권력가들인 집정관, 분봉왕, 대제사장과 정치적으로 희생양이 필요했던 대중의 필요와 이해관계가 만나 벌어난 일이었습니다. 한 마디로 예수님의 죽음은 무죄한 죽음이었습니다. 예수님은 십자가형을 받기 위해 형장인 해골의 언덕으로 올라가십니다. 거기서 예수님은 다른 두 행악 자와 함께 십자가 매달리십니다.

본문 관찰 및 나눔 |

(1) 예수님은 십자가형을 받기 위해 십자가를 지고 해골 언덕을 오

르신 뒤, 십자가에 달리셨습니다. 예수님 주위에는 어떤 사람들이 있고, 그들은 어떤 반응을 하고 있습니까(26, 27, 35-37절)?

첫째, 구레네 사람 시몬입니다(26절). 상황에 떠밀려 억지로 예수님의 십자가를 진 사람입니다. 둘째, 슬피 울며 예수님의 뒤를 따르는 여자의 큰 무리입니다(27절). 십자가의 죽음이 부활로 가는 영광스러운 과정임을 알지 못한 채 예수님의 고난에 감정적인 반응을 한 사람들입니다. 셋째, 구경하는 백성들입니다(35절). 예수님의 고난을 나와 상관이 없는, 남의 일로 여긴 사람들입니다. 가장 많은 사람이 여기에 들어갑니다. 넷째, 비웃는 관리와 희롱하는 군인들입니다(35-37절). 예수님의 고난에 직접적인 원인이 되는 일을 했던 사람들입니다. 예수님의 주위에 있던 이 4부류의 사람들은 '무지, 방관, 방해(핍박)'라는 3가지로 반응했습니다.

나는 지금 십자가를 지시는 예수님 옆에 어떤 사람으로 존재하고 있습니까? 나는 예수님의 십자가에 어떻게 반응합니까?

(2) 예수님은 사형을 받을 만한 죄가 전혀 없었습니다. 예수님의 죽음은 무고한 죽음이요, 인간의 정치적 이해관계가 만들어낸 억울한 죽음이었습니다. 이 죽음을 맞으며 예수님은 어떻게 반응하고 계십니까(28-31, 34절)?

예수님은 억울해하거나 자신을 핍박하고 죽이는 이들에게 분노하시지 않았습니다. 오히려 예수님을 죽인 죄 때문에 멸망할 유대를 걱정하셨고, 자신을 죽이는 이들을 용서하셨습니다.

예수님의 제자로서 예수님의 뒤를 따르다 보면 나 역시 예수님처럼 고난을 받습니다. 나는 이 고난에 어떻게 반응합니까?

(3) 예수님이 의연하게 십자가의 고난을 받아들이실 수 있었던 이유는 무엇일까요?

예수님이 십자가의 고난을 의연하게 받으실 수 있었던 까닭은 이 일이 자신의 정체성과 관련이 있었기 때문입니다. 예수님은 이 일이 하나님의 인간구원 계획 안에 있고, 자기는 이 계획의 실현을 위해 이 땅에 온 존재란 걸 아셨습니다. 자신이 받는 십자가의 고난이 인류를 구원하는 길임을 아셨습니다. 이 고난으로 '옛 사람, 옛 자아, 옛 인류'가 죽고, '새 사람, 새 자아, 새 인류'가 태어나실 것을 확신했습니다. 이 고난이 새 창조의 과정임을 인식하셨습니다.

내 정체성은 무엇입니까? 지금 새 창조의 과정 안에서 내가 받는 고난의 내용은 무엇입니까?

말씀 다지기 |

"옛 사람이 죽어 새 사람으로 다시 산다"는 십자가의 도는 하나님의 능력이자 이 세상을 구원하는 단 하나의 지혜입니다. 성도인 우리가 자랑할 것은 오직 그리스도 예수의 십자가뿐입니다(고전 1:18-31). 하나님은 십자가의 원리로 새 창조를 행하십니다. 십자가는 하나님이 이 세상을 바꿀 새 인류를 탄생시키고, 이 세상에 새로운 질서를 불어넣으시는 단 하나의 방법입니다.

십자가의 핵심은 고난 받음입니다. 예수님을 따라 십자가를 지고, 자기부인의 길을 걸으면 우리는 반드시 고난을 받게 되어있습니다. 그러나 그 고난이 나를 살리고, 이 세상을 살립니다.

찬양 | 341장 십자가를 내가 지고 (통일 367장)

기도 | 예수님처럼 하나님의 뜻에 순종하여 자기부인으로 인한 고난을 기꺼이 받게 하옵소서.

| 나눔노트 |

47. 예수님의 죽음과 매장

본문 읽기

누가복음 23:44-56절

본문 배경 |

십자가에 달리신 예수님은 고난을 받고, 마침내 십자가에서 돌아가셨습니다. 그리고 바위에 판 무덤에 묻히셨습니다.

본문 관찰 및 나눔 |

(1) 예수님은 십자가에서 운명하시고, 무덤에 묻히셨습니다(46, 53절). 예수님의 죽음과 매장은 어떤 의미가 있습니까?

십자가에서 예수님이 돌아가셨을 때 죄와 죽음, 유대의 율법 종교와 인간의 의(義)도 함께 죽었습니다. 예수님이 묻히셨을 때, 이것들도 같이 묻혔습니다. 예수님의 죽음과 매장은 벌어져 있던 하나님과 인간 사이, 인간과 인간 사이를 화목하게 하는 사건이었습니다. 예수님이 십자가에서 운명하실 때 성소의 휘장 한 가운데가 찢어진 것은 이 사건이 지닌 의미의 상징입니다.

내게 예수님의 죽음과 매장은 구체적으로 어떤 의미가 있는 사건인지 나누어 봅시다.

(2) 예수님은 십자가에서 영혼을 아버지께 부탁하고 운명하셨습니다 (46절). 이것이 뜻하는 것은 무엇입니까?

예수님의 죽음은 하나님을 향한 불신의 죽음이기도 했습니다. 지금은 제자들이 다 도망하고, 예수님마저 돌아가시니, 복음 전파는 중단될 위기였습니다. 그런데 예수님은 걱정하지 않으셨습니다. 예수님은 자신이 할 일을 다 했으니, 이제는 아버지 하나님께서 일하실 것을 알았습니다. 하나님의 인도 아래 '죄 사함을 얻게 하는 회개'가 예루살렘에서 시작하여 온 세계로 전파될 것입니다(24:47절). 그래서 예수님은 큰 소리로 "내 영혼을 아버지 손에 부탁하나이다(46절)"라 말씀하시고 운명하셨습니다. 예수님의 죽음은 하나님을 향해 보내는 변함없는 신뢰의 표현이었습니다.

죄의 본질은 나를 사랑하시기에 언제나 내게 최고의 것을 주시는 하나님을 신뢰하지 않는 것입니다. 이 신뢰가 없는 상태에서 내가 삶의 주인이 될 때 생기는 태도와 거기서 나오는 모든 행동이 죄입니다. 지금 내 삶에서 죽어야 할 죄는 무엇입니까? 나의 불신에는 어떤 것이 있습니까?

(3) 예수님이 돌아가신 뒤, 예수님 옆에 있던 사람들에게는 무슨 일이 일어났습니까(47-53절)?

예수님이 운명하시자 백부장은 그제야 예수님이 의인이셨음을 알아봅니다(47절). 다수의 군중(방관자)은 가슴을 치며 돌아갔습니다(48절). 유대교의 고위 지도자란 신분 때문에 자신이 예수님의 제자라는 것을 숨겼던 아리마대 요셉은(요 18:38) 예수님이 돌아가시자 예수님의 시체를 달라는 행동으로써 자신이 예수님의 제자임을 공개적으로 드러냅니다. 예수님을 아는 사람들과 울며 예수님을 떠났던 여자들은 예수님의 사후가 되어 일어난 이런 일들을 보며(49절) 예수님이 의인이시고, 죄가 없는 데도 사형 당하셨다는 것을 확인합니다. 예수님의 죽음은 예수님의 무죄를 증명했습니다. 다시 말해 예수님은 자신의 무죄를 증명하기 위해 십자가에서 죽어 무덤에 묻히셔야 했습니다.

내가 하나님을 온전히 신뢰하는 자리, 내가 완전히 죽는 단계에 이르러야 내가 옳은 길, 생명의 길을 걸었다는 것이 온전하게 드러납니다. 십자가에서 죽기 위해 내가 지금 할 일은 무엇입니까?

말씀 다지기 |

예수님의 죽음과 매장은 죄와 죽음, 율법과 자기 의의 죽음이었습니다. 옛 창조의 마침이면서 새 창조의 시작이었습니다. 하나님이 인간구원을 위해 주도하시는 새로운 시작의 전 단계였습니다.

예수님의 제자이자 새 인류인 우리가 할 일은 하나님을 온전히 신뢰함으로써 죽는 일입니다. 내 생각, 판단, 경험, 논리가 하나님 앞에서 완전히 죽는 단계에 이르러야 합니다. 이 일은 고통스럽습니다. 하지만 때가 되면 내가 옳은 길을 걸었다는 것이 드러날 것입니다. 하나님이 나의 의로움을 밝히 보이실 것입니다. 하나님의 뜻을 따라 죽는 길이 진정 영원히 사는 길입니다. 이렇게 죽으면 나도 살고, 너도 삽니다. 온 세상이 생명으로 가득해집니다.

찬양 | 407장 구주와 함께 나 죽었으니 (통일 465장)

기도 | 하나님을 온전히 신뢰하는 믿음으로 자라게 하옵소서.

| 나눔노트 |

48. 말씀대로 부활하신 예수님

본문 읽기
누가복음 24:1-12절

본문 배경 |

예수님은 안식 후 첫날, 말씀대로 부활하셨습니다. 무덤은 텅 비어 버렸습니다. 하지만 예수님의 제자들은 텅 빈 무덤을 보고 의아하게 여길 뿐 여전히 예수님의 부활을 믿지 못합니다.

본문 관찰 및 나눔 |

(1) 예수님은 십자가에 달려 죽으신 뒤 바위에 판 무덤에 묻히셨습니다. 그러나 안식 후 첫날 부활하셨습니다(3, 5-6절). 예수님의 부활은 어떤 의미가 있는 사건입니까?

예수님의 부활은 구약에서부터 약속되고 예언되었으며, 예수님이 십자가에서 돌아가시기 전에 수차례 제자들에게 예고하신 사건이었습니다(눅 9:20-22, 44-45, 13:32-33, 17:25; 18:31-34). 부활은 하나님이 일으키신 사건으로서 하나님의 뜻에 예수님이 순종하심으로 일어난 사건이었습니다. “그가 살아나셨다(6절)”는 표현은 수동태입니다. 예수님은 자신의 뜻대로 살아나신 게 아닙니다. 예수님의 부활은 예수님의 의지 이전에 하나님의 의지였습니다. 예수님의 부활은 부활을 원하시는 하나님의 의지에 예수님이 자신의 의지를 굽혀 철저하게 순종하신 결과였습니다.

예수님이 죽으실 때, 죄가 죽고 죄의 값인 죽음도 죽었습니다. 예수님이 부활하실 때 나도 같이 살았습니다. 부활의 첫 열매이시고, 새 인류의 첫 사람이신 예수님을 믿으면 부활합니다. 하나님께 순종하면 하나님이 그를 죽음에서 일으키십니다. 십자가에서 죽으면 새로운 정체성과 신분, 속성을 가진 새 인류로 다시 태어납니다. 하나님을 신뢰하여 하나님의 뜻에 순종하면 하나님이 여시는 새로운 세계를 보게 됩니다. 부활은 반드시 있습니다.

나는 예수님의 부활과 나의 부활을 확신합니까? 예수님의 부활이 가진 의미를 나누어 봅시다.

(2) 예수님의 부활과 마주한 사람들의 반응은 어떠합니까 (1, 4-5, 11-12절)?

본문에 나오는 사람들은 예수님의 부활을 전혀 기대하지 않았고, 빈 무덤을 보고도 부활을 믿지 않았습니다. 여자들은 향품을 가지고 무덤에 갑니다. 예수님의 부활은 꿈에도 생각하지 못했던지라 관습대로 예수님의 시신에 향품을 바르기 위해서였습니다. 그리고 찬란한 옷을 입은 두 사람에게 예수님의 부활 소식을 들은 여자들로부터 예수님의 부활 소식을 전해 들은 사도와 다른 사람들은 여자들의 말을 믿지 않습니다. 부활이 허탄한(거짓이 많아 미덥지 않은) 이야기로 들렸기 때문입니다. 한편 베드로는 단숨에 무덤으로 달려가 예수님을 감싼 세마포만 있고 예수님은 안 계신 상황을 보았으나 그 역시 부활을 확신하지는 못했습니다.

내 주변의 사람들은 부활에 관해 어떤 견해를 가지고 있습니까? 왜 그들은 그렇게 생각합니까?

말씀 다지기 |

옛 사람, 옛 자아, 옛 인류'에게 최고의 두려움은 죽음입니다. 죽음은 모든 것을 삼킵니다. 죽었다가 다시 돌아온 사람은 아무도 없었습니다. 죽음만큼 두려운 것은 없습니다. 그래서 모든 인간은 부활을 꿈꿉니다. 하지만 부활을 자신할 사람은 아무도 없습니다. 부활이 있을 것이라고 아무도 장담할 수 없습니다. 죽어봐야 알 것입니다.

그러나 성경은 분명히 말합니다. 부활은 반드시 있습니다. 부활은 반드시 일어납니다. 하나님의 약속인 부활을 믿으십시오. 부활을 기대하십시오. 더 나아가 부활의 증인이라는 나의 정체성을 기억하고 부활을 전하는 사람이 되십시오. 부활을 전하면 거의 대다수가 부정적인 반응을 보일 것입니다. 하지만 인내를 가지고 부활을 전하십시오. 예수님의 제자들은 이후 하나님의 은혜로 눈이 열리고 마음이 열려 부활을 받아들이고, 성령 충만하여 담대하게 부활의 증인이 되었습니다. 인내 속에 부활을 전한다면 많은 사람이 부활을 믿고 생명을 얻게 될 것이며, 그들도 나처럼 부활의 증인이 될 것입니다.

찬양 | 167장 즐겁도다 이날 (통일 157장)

기도 | 부활을 확신하며, 인내로 부활을 증거 하는 삶을 살게 하옵소서.

| 나눔노트 |

49. 부활 그리고 동행

본문 읽기

누가복음 24:13-35절

본문 배경 |

부활하신 예수님은 슬픔과 좌절, 절망에 빠진 두 명의 제자를 찾아가십니다. 그리고 엠마오까지 그들과 동행하며 그들이 예수님의 부활을 받아들일 수 있도록 인도하십니다. 눈이 열리고 마음이 뜨거워진 그들은 예루살렘에 돌아가 아직도 예수님의 부활을 믿지 못하는 제자들에게 부활의 증인이 됩니다.

본문 관찰 및 나눔 |

(1) 예수님은 엠마오로 가는 제자 둘을 찾아가 그들과 동행하십니다 (15-32절). 예수님이 그들과 하신 일은 무엇입니까?

예수님은 절망과 좌절, 슬픔에 빠진 그들과 함께 엠마오를 향해 걸으며 이야기하십니다. 예수님의 부활에 관한 소식을 여자들에게 듣기는 했으나, 여전히 부활에 관해 반신반의하고 있는 그들에게 자신을 증거하는 성경을 자세히 풀어주셨습니다. 그리고 그들과 함께 식사하는 자리에 앉아 떡을 들고 감사 기도를 하신 뒤에 그들에게 음식을 나누어 주셨습니다. 자기가 영이 아니라 부활한 몸임을 증명하셨습니다. 그들의 의심이 벗어지도록 도우신 것입니다.

(2) 이 사건이 우리에게 알려주는 부활신앙은 무엇입니까?

궁극적으로 부활은 미래의 일입니다. 그러나 부활의 생명과 능력은 이미 우리 안에 들어와 있습니다. 우리는 궁극의 부활이 있을 그 언젠가의 시간을 맞을 때까지 이 땅에 있는 동안 새 생명을 가진 새 인류로서 살아야 합니다. 우리는 부활의 증인입니다.

우리의 일상에서 부활신앙이란 부활신앙을 갖지 못한 사람들, 복음을 알지 못하는 사람들과 함께 걸으며 그들이 생명의 진리에 눈뜨도록 하는 것입니다. 부활신앙이 지닌 현재적 의미를 같이 나누어 봅시다.

(3) 예수님의 동행으로 그들에게 일어난 변화는 무엇입니까(31-35절)?

어둠과 슬픔으로 가득하고, 차갑게 식었던 그들의 마음이 뜨거워지기 시작했습니다. 예수님이 성경에 기록된 바로 그분이며, 성경에 기록된 대로 십자가에 못 박혀 죽었다가 살아나셨다는 것이 믿어졌습니다. 또

가리어졌던(16절) 그들의 눈이 밝아졌습니다(31절). 조금 전까지만 해도 알아보지 못하던 예수님을 알아보았습니다. 눈이 밝아져 예수님을 본 그들은 곧바로 예루살렘에 돌아가 부활의 증인이 되었습니다(33-35절). 그들 역시 생명이 되었습니다.

우리가 부활신앙으로 살 때, 우리에게도 이런 일이 일어납니다. 우리가 부활의 증인으로 살아가면 변화 혹은 치유의 과정, 생명의 전이 과정이 일어납니다. 이 과정은 믿음의 성장 과정이기도 합니다. 십자가에서 나의 옛사람과 옛 자아가 죽을 때, 나는 새 사람과 새 자아, 새 인류로 태어납니다. 새로 태어난 나는 죄와 죽음의 권세 아래에서 고통당하는 내 옆의 사람에게로 다가갑니다. 인내와 사랑으로 계속 그의 곁에 있으면서 그와 함께 걷습니다. 인내하며 부활의 증인으로 계속 그의 곁에 머뭅니다. 그러면 어느 순간 하나님이 작정하신 때에 그의 눈이 열립니다. 그가 하나님을 봅니다. 그도 나처럼 하나님을 만납니다. 그도 나처럼 하나의 생명으로 태어납니다. 생명이 생명을 낳았습니다. 그리고 새롭게 태어난 그는 내가 그랬듯이 자기의 예루살렘으로 가서 부활의 증인이 됩니다.

부활의 증인으로 살기를 다짐하고, 어떻게 살아갈지를 나누어 봅시다.

말씀 다지기 |

부활은 생명을 낳는 따뜻한 동행입니다. 부활신앙은 나와 너, 우리 모두를 살리는 생명의 길을 함께 걷는 일입니다. 내가 부활의 증인이 되어 부활신앙으로 살아갈 때, 예수님을 통해 내게서 시작된 생명이 내 옆의 사람에게 건너가고, 그 생명이 다른 사람에게로 건너갑니다. 생명이 생명을 낳습니다. 이 따뜻한 연결방식으로 예수 그리스도를 주님으로 고백하는 생명이 점점 늘어납니다. 부활의 신앙으로 살아가십시오. 부활의 증인이 되십시오. 하나님으로부터 시작한 이 놀라운 생명이 나를 거쳐 세상으로 흘러가 또 다른 생명을 낳는 것을 지켜보는 복을 누리십시오.

찬양 | 135장 어저께나 오늘이나 (통일 133장)

기도 | 나의 일상을 부활의 신앙으로 살아내게 해 주십시오.

| 나눔노트 |

50. 열한 제자에게 증인의 사명 위임

본문 읽기

누가복음 24:36-53절

본문 배경 |

제자들은 아직도 예수님의 부활을 확신하지 못합니다. 예수님은 열한 제자를 찾아가 자신의 부활이 실재임을 증명하십니다. 그리고 마음을 열어 성경을 깨닫게 하신 뒤, 그들에게 복음전파의 일을 위임하십니다. 이후 예수님은 제자들을 축복하신 뒤 승천하시고, 예루살렘으로 돌아온 제자들은 기쁨과 찬양 속에 약속된 성령님을 기다리기 시작합니다.

본문 관찰 및 나눔 |

(1) 열한 제자를 찾아가신 예수님이 하신 일은 무엇입니까 (36, 38-40, 42-43절)? 부활의 예수님을 만난다는 것은

어떤 뜻이 있습니까?

예수님은 자기의 부활을 반신반의하는 제자들을 찾아가 제자들의 배반과 잘못, 믿음 없음을 꾸짖지 않으셨습니다. 자기가 영이 아니라 몸을 가지셨음을 보여주심으로써 제자들에게 부활이 실재임을 증명하셨습니다. 부활하신 예수님을 만난다는 것은 조건 없는 사랑을 경험한다는 뜻입니다. 예수님을 만나는 일은 나의 죄, 실수와 잘못, 의심을 꾸짖기 이전에 나를 품으시는 하나님의 따뜻한 사랑 체험입니다.

나는 부활하신 예수님을 만난 경험이 있습니까? 내 일상에서 하나님의 조건 없는 사랑을 체험한 경험에는 어떤 것들이 있습니까?

(2) 구운 생선 한 토막을 드신 뒤 예수님이 하신 일은 무엇입니까 (44-49절)?

예수님은 제자들의 마음을 열어 성경을 깨닫게 하셨습니다. 그리고 그들에게 너희는 내가 말한 모든 일의 증인이라고 하셨습니다. 자신이 하시던 복음전파의 일을 제자들에게 위임하신 것입니다.

나를 있는 그대로 받아주는 존재와의 만남, 이 놀라운 사랑의 체험은 예수님이 이 땅에 계실 때 하시던 일인 복음전파의 위임입니다. 하나님의 사랑 체험이 내가 복음전파를 하게 합니다. 내가 받았던 방법 그대로 타인을 사랑하게 합니다. 조건 없는 하나님의 사랑 경험이 왜 복음전파의 위임으로 연결되는지 이야기해 봅시다.

(3) 예수님은 제자들을 축복하신 뒤 하늘로 올라가셨습니다 (50-51절). 이후 제자들은 어떻게 되었습니까(52-53절)?

예수님의 승천은 제자들과의 분리가 아니었습니다. 모양은 다르나 세상 끝날까지 제자들과 영원히 함께 계시는 일이었습니다. 이제 하나님이 약속하신 성령이 오시어 그들을 부활의 증인으로 세우실 것입니다. 그걸 알기에 예수님이 승천하여 모습을 감추셨는데도 제자들에게는 기쁨과 찬송이 넘쳤습니다. 그들은 예루살렘으로 돌아가 늘 성전에서 하나님을 찬양했습니다. "오시리라"고 약속된 성령님을 기다리기 시작했습니다.

지금 우리 눈에는 부활하신 예수님이 보이지 않습니다. 또 위임된 복음전파의 사명을 감당하다 보면 우리는 핍박, 외로움, 고단함을 느낍니다. 그러나 나는 혼자가 아닙니다. 예수님은 지금도 나와 함께하십니다. 앞으로도 영원히 함께하실 것입니다.

하나님은 지금도 나와 함께하시며, 나는 혼자가 아니라는 것을 내 삶에서 어떻게 경험하고 있는지 구체적인 예를 들어 말해봅시다.

말씀 다지기 |

부활하신 예수님을 만나는 것은 십자가에서 내게 쏟아지는 조건 없는 사랑의 경험입니다. 나를 따뜻하게 안아주시는 사랑과의 만남입니다. 부활하신 예수님을 만날 때, 나는 영원히 죽지 않는 생명이 되고 사랑을 배웁니다. 그리고 내가 받은 대로, 내가 배운 대로 사랑을 전달합니다. 예수님이 내게 주신 이 사랑, 내가 예수님께 받은 이 사랑의 실천이 복음전파입니다. 예수님은 나와 함께하십니다. 앞으로도 나는 영원히 그분과 함께입니다. 이 진리를 확신하십시오. 당신의 예루살렘으로 돌아가 성령님을 기다리십시오. 예수님이 다시 오시는 날까지 부활의 증인이 되십시오.

찬양 | 505장 온 세상 위하여 (통일 268장)

기도 | 하나님의 사랑을 경험하며, 부활의 증인으로 살아가게 해 주십시오.

| 나눔노트 |

누가이야기

이루어진 사실

발　행 | 2021년 11월 30일
발행처 | 예수교대한성결교회 총회(도서출판JKSC)
발행인 | 이상문
편　집 | 총회교육국
등　록 | 1974.2.1. No.300-1974-2
www.sungkyul.org

보급처 | 총회 교육국
070-7132-0020

제　작 | 도서출판 하늘기획
ISBN | 978-89-94625-74-4

값: 9,000원